— 22 —

工会法

全国职工“七五”普法简明读本

本书编写组◎编

中国工人出版社

图书在版编目（CIP）数据

工会法 /《工会法》编写组编. —北京：中国工人出版社，2016.4
（全国职工“七五”普法简明读本）
ISBN 978-7-5008-6336-6

Ⅰ.①工… Ⅱ.①工… Ⅲ.①工会法—基本知识—中国 Ⅳ.①D922.56

中国版本图书馆CIP数据核字（2016）第066819号

工会法

出 版 人	芮宗金
责任编辑	王 薇
责任校对	孙逎伟
责任印制	栾征宇
出版发行	中国工人出版社
地　　址	北京市东城区鼓楼外大街45号 邮编：100120
网　　址	http://www.wp-china.com
电　　话	（010）62350006（总编室）
	（010）62005039（出版物流部）
	（010）82075935（工会与劳动关系分社）
发行热线	（010）62004002
	（010）82081553（传真）
经　　销	各地书店
印　　刷	北京睿特印刷厂
开　　本	850毫米×1168毫米 1/32
印　　张	3
字　　数	52千字
版　　次	2016年7月第1版 2017年1月第2次印刷
定　　价	15.00元

编 者 的 话

党的十八大以来，以习近平同志为总书记的党中央对全面依法治国作出了重要部署，对法治宣传教育提出了新的更高要求，明确了法治宣传教育的基本定位、重大任务和重要措施，为深入开展法治宣传教育指明了方向。

2016年是“十三五”规划的开局之年，也是国家“七五”普法规划实施的启动年。为了进一步推动国家“七五”普法工作，结合全国工会系统开展“七五”普法宣传，针对广大职工群众的需求，我社策划出版了《全国职工“七五”普法简明读本》丛书（共26册）。本丛书共分为两大系列：一是介绍了与职工基本权益相关的综合性法律知识；二是解读了与职工劳动权益相关的劳动法律知识。在内容构成上，以法律文本为主线，设置了“职工权益导读”板块，通俗地解答了与职工权益相关的问题，并附录了相关法律文书，方便职工参考使用。

希望这套丛书的出版，能够帮助广大职工了解、掌握一些必备的法律常识，增强法治观念，提高法律素养，同时对工会发挥组织职工、引导职工、服务职工、维护职工合法权益方面起到积极的作用。

2016年5月

目 录 Contents

中华人民共和国工会法

（1992年4月3日第七届全国人民代表大会第五次会议通过　根据2001年10月27日第九届全国人民代表大会常务委员会第二十四次会议《关于修改〈中华人民共和国工会法〉的决定》第一次修正　根据2009年8月27日第十一届全国人民代表大会常务委员会第十次会议《关于修改部分法律的决定》第二次修正）

第一章　总　则

第一条　为保障工会在国家政治、经济和社会生活中的地位，确定工会的权利与义务，发挥工会在社会主义现代化建设事业中的作用，根据宪法，制定本法。

第二条　工会是职工自愿结合的工人阶级的群众组织。

中华全国总工会及其各工会组织代表职工的利益，依法维护职工的合法权益。

第三条　在中国境内的企业、事业单位、机关中以工资收入为主要生活来源的体力劳动者和脑力劳动者，不分民族、种族、性别、职业、宗教信仰、教育程度，都有依法参加和组织工会的权利。任何组织和个人不得阻挠和限制。

第四条 工会必须遵守和维护宪法，以宪法为根本的活动准则，以经济建设为中心，坚持社会主义道路、坚持人民民主专政、坚持中国共产党的领导、坚持马克思列宁主义毛泽东思想邓小平理论，坚持改革开放，依照工会章程独立自主地开展工作。

工会会员全国代表大会制定或者修改《中国工会章程》，章程不得与宪法和法律相抵触。

国家保护工会的合法权益不受侵犯。

第五条 工会组织和教育职工依照宪法和法律的规定行使民主权利，发挥国家主人翁的作用，通过各种途径和形式，参与管理国家事务、管理经济和文化事业、管理社会事务；协助人民政府开展工作，维护工人阶级领导的、以工农联盟为基础的人民民主专政的社会主义国家政权。

第六条 维护职工合法权益是工会的基本职责。工会在维护全国人民总体利益的同时，代表和维护职工的合法权益。

工会通过平等协商和集体合同制度，协调劳动关系，维护企业职工劳动权益。

工会依照法律规定通过职工代表大会或者其他形式，组织职工参与本单位的民主决策、民主管理和民主监督。

工会必须密切联系职工，听取和反映职工的意见和要求，关心职工的生活，帮助职工解决困难，全心全意为职工服务。

第七条 工会动员和组织职工积极参加经济建设，努力完成生产任务和工作任务。教育职工不断提高思想道德、技术业务和科学文化素质，建设有理想、有道德、有文化、有纪律的职工队伍。

第八条　中华全国总工会根据独立、平等、互相尊重、互不干涉内部事务的原则，加强同各国工会组织的友好合作关系。

第二章　工会组织

第九条　工会各级组织按照民主集中制原则建立。

各级工会委员会由会员大会或者会员代表大会民主选举产生。企业主要负责人的近亲属不得作为本企业基层工会委员会成员的人选。

各级工会委员会向同级会员大会或者会员代表大会负责并报告工作，接受其监督。

工会会员大会或者会员代表大会有权撤换或者罢免其所选举的代表或者工会委员会组成人员。

上级工会组织领导下级工会组织。

第十条　企业、事业单位、机关有会员二十五人以上的，应当建立基层工会委员会；不足二十五人的，可以单独建立基层工会委员会，也可以由两个以上单位的会员联合建立基层工会委员会，也可以选举组织员一人，组织会员开展活动。女职工人数较多的，可以建立工会女职工委员会，在同级工会领导下开展工作；女职工人数较少的，可以在工会委员会中设女职工委员。

企业职工较多的乡镇、城市街道，可以建立基层工会的联合会。

县级以上地方建立地方各级总工会。

同一行业或者性质相近的几个行业，可以根据需要建立全国的或者地方的产业工会。

全国建立统一的中华全国总工会。

第十一条 基层工会、地方各级总工会、全国或者地方产业工会组织的建立，必须报上一级工会批准。

上级工会可以派员帮助和指导企业职工组建工会，任何单位和个人不得阻挠。

第十二条 任何组织和个人不得随意撤销、合并工会组织。

基层工会所在的企业终止或者所在的事业单位、机关被撤销，该工会组织相应撤销，并报告上一级工会。

依前款规定被撤销的工会，其会员的会籍可以继续保留，具体管理办法由中华全国总工会制定。

第十三条 职工二百人以上的企业、事业单位的工会，可以设专职工会主席。工会专职工作人员的人数由工会与企业、事业单位协商确定。

第十四条 中华全国总工会、地方总工会、产业工会具有社会团体法人资格。

基层工会组织具备民法通则规定的法人条件的，依法取得社会团体法人资格。

第十五条 基层工会委员会每届任期三年或者五年。各级地方总工会委员会和产业工会委员会每届任期五年。

第十六条 基层工会委员会定期召开会员大会或者会员代表大会，讨论决定工会工作的重大问题。经基层工会委员会或者三分之一以上的工会会员提议，可以临时召开会员大会或者会员代表大会。

第十七条 工会主席、副主席任期未满时，不得随意调动其工作。因工作需要调动时，应当征得本级工会委员会和上一级工会的同意。

罢免工会主席、副主席必须召开会员大会或者会员代表大会讨论，非经会员大会全体会员或者会员代表大会全体代表过半数通过，不得罢免。

第十八条 基层工会专职主席、副主席或者委员自任职之日起，其劳动合同期限自动延长，延长期限相当于其任职期间；非专职主席、副主席或者委员自任职之日起，其尚未履行的劳动合同期限短于任期的，劳动合同期限自动延长至任期期满。但是，任职期间个人严重过失或者达到法定退休年龄的除外。

第三章 工会的权利和义务

第十九条 企业、事业单位违反职工代表大会制度和其他民主管理制度，工会有权要求纠正，保障职工依法行使民主管理的权利。

法律、法规规定应当提交职工大会或者职工代表大会审议、通过、决定的事项，企业、事业单位应当依法办理。

第二十条 工会帮助、指导职工与企业以及实行企业化管理的事业单位签订劳动合同。

工会代表职工与企业以及实行企业化管理的事业单位进行平等协商，签订集体合同。集体合同草案应当提交职工代表大会或者全体职工讨论通过。

工会签订集体合同，上级工会应当给予支持和帮助。

企业违反集体合同，侵犯职工劳动权益的，工会可以依法要求企业承担责任；因履行集体合同发生争议，经协商解决不成的，工会可以向劳动争议仲裁机构提请仲裁，仲裁机构不予受理或者对仲裁裁决不服的，可以向人民法院提起诉讼。

第二十一条 企业、事业单位处分职工，工会认为不适当的，有权提出意见。

企业单方面解除职工劳动合同时，应当事先将理由通知工会，工会认为企业违反法律、法规和有关合同，要求重新研究处理时，企业应当研究工会的意见，并将处理结果书面通知工会。

职工认为企业侵犯其劳动权益而申请劳动争议仲裁或者向人民法院提起诉讼的，工会应当给予支持和帮助。

第二十二条 企业、事业单位违反劳动法律、法规规定，有下列侵犯职工劳动权益情形，工会应当代表职工与企业、事业单位交涉，要求企业、事业单位采取措施予以改正；企业、事业单位应当予以研究处理，并向工会作出答复；企业、事业单位拒不改正的，工会可以请求当地人民政府依法作出处理：

（一）克扣职工工资的；

（二）不提供劳动安全卫生条件的；

（三）随意延长劳动时间的；

（四）侵犯女职工和未成年工特殊权益的；

（五）其他严重侵犯职工劳动权益的。

第二十三条 工会依照国家规定对新建、扩建企业和技术改造工程中的劳动条件和安全卫生设施与主体工程同时设计、同时施工、同时投产使用进行监督。对工会提出的意见，企业或者主管部门应当认真处理，并将处理结果书面通知工会。

第二十四条 工会发现企业违章指挥、强令工人冒险作业，或者生产过程中发现明显重大事故隐患和职业危害，有权提出解决的建议，企业应当及时研究答复；发现危及职工生命安全的情况时，工会有权向企业建议组织职工撤离危险现场，企业必须及时作出处理决定。

第二十五条 工会有权对企业、事业单位侵犯职工合法权益的问题进行调查，有关单位应当予以协助。

第二十六条 职工因工伤亡事故和其他严重危害职工健康问题的调查处理，必须有工会参加。工会应当向有关部门提出处理意见，并有权要求追究直接负责的主管人员和有关责任人员的责任。对工会提出的意见，应当及时研究，给予答复。

第二十七条 企业、事业单位发生停工、怠工事件，工会应当代表职工同企业、事业单位或者有关方面协商，反映职工的意见和要求并提出解决意见。对于职工的合理要求，企业、事业单位应当予以解决。工会协助企业、事业单位做好工作，尽快恢复生产、工作秩序。

第二十八条 工会参加企业的劳动争议调解工作。

地方劳动争议仲裁组织应当有同级工会代表参加。

第二十九条 县级以上各级总工会可以为所属工会和职工提供法律服务。

第三十条 工会协助企业、事业单位、机关办好职工集体福利事业，做好工资、劳动安全卫生和社会保险工作。

第三十一条 工会会同企业、事业单位教育职工以国家主人翁态度对待劳动，爱护国家和企业的财产，组织职工开展群众性的合理化建议、技术革新活动，进行业余文化技术学习和职工培训，组织职工开展文娱、体育活动。

第三十二条 根据政府委托，工会与有关部门共同做好劳动模范和先进生产（工作）者的评选、表彰、培养和管理工作。

第三十三条 国家机关在组织起草或者修改直接涉及职工切身利益的法律、法规、规章时，应当听取工会意见。

县级以上各级人民政府制定国民经济和社会发展计划，对涉及职工利益的重大问题，应当听取同级工会的意见。

县级以上各级人民政府及其有关部门研究制定劳动就业、工资、劳动安全卫生、社会保险等涉及职工切身利益的政策、措施时，应当吸收同级工会参加研究，听取工会意见。

第三十四条 县级以上地方各级人民政府可以召开会议或者采取适当方式，向同级工会通报政府的重要的工作部署和与工会工作有关的行政措施，研究解决工会反映的职工群众的意见和要求。

各级人民政府劳动行政部门应当会同同级工会和企业方面代表，建立劳动关系三方协商机制，共同研究解决劳动关系方面的重大问题。

第四章　基层工会组织

第三十五条　国有企业职工代表大会是企业实行民主管理的基本形式，是职工行使民主管理权力的机构，依照法律规定行使职权。

国有企业的工会委员会是职工代表大会的工作机构，负责职工代表大会的日常工作，检查、督促职工代表大会决议的执行。

第三十六条　集体企业的工会委员会，应当支持和组织职工参加民主管理和民主监督，维护职工选举和罢免管理人员、决定经营管理的重大问题的权力。

第三十七条　本法第三十五条、第三十六条规定以外的其他企业、事业单位的工会委员会，依照法律规定组织职工采取与企业、事业单位相适应的形式，参与企业、事业单位民主管理。

第三十八条　企业、事业单位研究经营管理和发展的重大问题应当听取工会的意见；召开讨论有关工资、福利、劳动安全卫生、社会保险等涉及职工切身利益的会议，必须有工会代表参加。

企业、事业单位应当支持工会依法开展工作，工会应当支持企业、事业单位依法行使经营管理权。

第三十九条　公司的董事会、监事会中职工代表的产生，依照公司法有关规定执行。

第四十条　基层工会委员会召开会议或者组织职工活动，应当在生产或者工作时间以外进行，需要占用生产或者工作时间的，应当事先征得企业、事业单位的同意。

基层工会的非专职委员占用生产或者工作时间参加会议或者从事工会工作，每月不超过三个工作日，其工资照发，其他待遇不受影响。

第四十一条　企业、事业单位、机关工会委员会的专职工作人员的工资、奖励、补贴，由所在单位支付。社会保险和其他福利待遇等，享受本单位职工同等待遇。

第五章　工会的经费和财产

第四十二条　工会经费的来源：

（一）工会会员缴纳的会费；

（二）建立工会组织的企业、事业单位、机关按每月全部职工工资总额的百分之二向工会拨缴的经费；

（三）工会所属的企业、事业单位上缴的收入；

（四）人民政府的补助；

（五）其他收入。

前款第二项规定的企业、事业单位拨缴的经费在税前列支。

工会经费主要用于为职工服务和工会活动。经费使用的具体办法由中华全国总工会制定。

第四十三条 企业、事业单位无正当理由拖延或者拒不拨缴工会经费，基层工会或者上级工会可以向当地人民法院申请支付令；拒不执行支付令的，工会可以依法申请人民法院强制执行。

第四十四条 工会应当根据经费独立原则，建立预算、决算和经费审查监督制度。

各级工会建立经费审查委员会。

各级工会经费收支情况应当由同级工会经费审查委员会审查，并且定期向会员大会或者会员代表大会报告，接受监督。工会会员大会或者会员代表大会有权对经费使用情况提出意见。

工会经费的使用应当依法接受国家的监督。

第四十五条 各级人民政府和企业、事业单位、机关应当为工会办公和开展活动，提供必要的设施和活动场所等物质条件。

第四十六条 工会的财产、经费和国家拨给工会使用的不动产，任何组织和个人不得侵占、挪用和任意调拨。

第四十七条 工会所属的为职工服务的企业、事业单位，其隶属关系不得随意改变。

第四十八条 县级以上各级工会的离休、退休人员的待遇，与国家机关工作人员同等对待。

第六章　法律责任

第四十九条　工会对违反本法规定侵犯其合法权益的，有权提请人民政府或者有关部门予以处理，或者向人民法院提起诉讼。

第五十条　违反本法第三条、第十一条规定，阻挠职工依法参加和组织工会或者阻挠上级工会帮助、指导职工筹建工会的，由劳动行政部门责令其改正；拒不改正的，由劳动行政部门提请县级以上人民政府处理；以暴力、威胁等手段阻挠造成严重后果，构成犯罪的，依法追究刑事责任。

第五十一条　违反本法规定，对依法履行职责的工会工作人员无正当理由调动工作岗位，进行打击报复的，由劳动行政部门责令改正、恢复原工作；造成损失的，给予赔偿。

对依法履行职责的工会工作人员进行侮辱、诽谤或者进行人身伤害，构成犯罪的，依法追究刑事责任；尚未构成犯罪的，由公安机关依照治安管理处罚法的规定处罚。

第五十二条　违反本法规定，有下列情形之一的，由劳动行政部门责令恢复其工作，并补发被解除劳动合同期间应得的报酬，或者责令给予本人年收入二倍的赔偿：

（一）职工因参加工会活动而被解除劳动合同的；

（二）工会工作人员因履行本法规定的职责而被解除劳动合同的。

第五十三条　违反本法规定，有下列情形之一的，由县级以上人民政府责令改正，依法处理：

（一）妨碍工会组织职工通过职工代表大会和其他形式依法行使民主权利的；

（二）非法撤销、合并工会组织的；

（三）妨碍工会参加职工因工伤亡事故以及其他侵犯职工合法权益问题的调查处理的；

（四）无正当理由拒绝进行平等协商的。

第五十四条 违反本法第四十六条规定，侵占工会经费和财产拒不返还的，工会可以向人民法院提起诉讼，要求返还，并赔偿损失。

第五十五条 工会工作人员违反本法规定，损害职工或者工会权益的，由同级工会或者上级工会责令改正，或者予以处分；情节严重的，依照《中国工会章程》予以罢免；造成损失的，应当承担赔偿责任；构成犯罪的，依法追究刑事责任。

第七章 附 则

第五十六条 中华全国总工会会同有关国家机关制定机关工会实施本法的具体办法。

第五十七条 本法自公布之日起施行。1950 年 6 月 29 日中央人民政府颁布的《中华人民共和国工会法》同时废止。

职工权益导读

1.《工会法》的立法宗旨是什么？

《工会法》的立法宗旨主要体现在以下三个方面：

（1）保障工会在国家政治、经济和社会生活中的地位。在市场经济条件下，工人阶级仍然是党的阶级基础，是社会主义国家的领导阶级。只要工人阶级的主人翁地位不变，工会在国家政治体制中的重要社会政治团体的地位也不会变。全心全意依靠工人阶级是党的根本指导方针。贯彻这一方针就必须要充分发挥工会在社会政治生活中的作用。工会在社会生活中的地位，主要是指工会在现实的广泛的社会生活中的影响力和声望。工会应该关心并广泛参与社会生活，在社会生活中扮演重要的角色，为推动社会的全面发展发挥重要的作用。新形势下，加快改革开放，发展社会主义市场经济，工会必须承担更艰巨的任务，发挥更重要的作用。这是党的重托、职工群众的期望，也是社会主义市场经济的内在要求。

（2）确定工会的权利与义务。工会作为职工自愿结合的群众组织，必须在法律规定的范围内活动，享受法律所赋予的权利，履行法律所规定的义务。《工会法》是调整工会活动关系法，为保障工会在国家政治、经济和社会生活中的地位，充分发挥工会在我国社会主义现代化建设事业中的重要作用，明确了工会的地位和作用；为工会代表和维护职工合法权益，赋予了更加广泛、具体的权利，同时也相应规定了工会的职责和义务。

（3）发挥工会在社会主义现代化建设事业中的作用。工人阶级向来都是社会主义现代化建设事业的中坚力量，因此，进行社会主义现代化建设，必须全心全意依靠工人阶级，大力发扬工人阶级的主人翁精神，充分发挥工人阶级的主力军作用。离开了工人阶级和广大劳动群众的积极性、智慧和创造力，一切都无从谈起。工会作为工人阶级最基本和最直接的组织形式，团结了广大的工人阶级，这就要求工会组织应当在社会主义现代化建设事业中发挥重要作用，应当成为社会主义事业名副其实的建设者。

2. 为什么说工会是职工自愿结合的工人阶级的群众组织？

《工会法》第二条第一款规定，工会是职工自愿结合的工人阶级的群众组织。这表明了中国工会具有阶级性、群众性和自愿性相统一的本质特征。

（1）工会的阶级性，是指工会是真正的工人阶级组织，并以工人阶级作为自己的阶级基础，维护职工的合法权益。工会的阶级性主要体现在以下几个方面：第一，工会会员必须是工人阶级成员。根据《工会法》和《中国工会章程》的规定，确定是否可以成为工会会员的标准只有一个，即以工资收入为主要生活来源的劳动者。这就把工会成员的构成仅限于工人阶级范围之内。第二，工会必须维护工人阶级利益。我国是以工人阶级为领导的社会主义国家，维护国家利益，巩固人民民主专政是工人阶级义不容辞的责任。工会作为工人阶级的群众组织，虽然它维护的重点是职工的具体利益，但必须把维护总体利益和维护具体利益结合起来，这是工会的基本职责。

（2）工会的群众性，是指工会是工人阶级在本阶级范围内最广泛的组织。工会的群众性主要体现在以下几个方面：首先，工会的群众性体现在工会的会员构成具有工人阶级范围内的广泛性。工会并不是个别行业或者个别部门内职工的组织，它最大限度地团结、联合了广大职工群众。工会始终是工人阶级实现阶级联合的最广泛的组织。其次，工会的群众性体现在工会代表广大会员和职工群众的正当利益，维护他们的合法权益方面。最后，工会的群众性还体现在工会组织内部的民主性方面。工会内部生活的民主性是工会群众性的必然要求和具体体现。

（3）工会的自愿性，是指工会不是按照某种指令组织起来的，而是职工群众为了谋求共同利益，实现共同愿望自觉自愿地组织起来的群众团体。职工参与工会与否，根据的是每个职工的意愿，任何组织和个人都不得强迫职工加入工会或不加入工会。

3. 我国工会的基本职责是什么？

《工会法》第六条第一款规定，维护职工合法权益是工会的基本职责。工会在维护全国人民总体利益的同时，代表和维护职工的合法权益。

工会以代表和维护职工的合法权益为基本职责，是工会自身性质的客观要求，是建立和完善社会主义市场经济体制的客观需要，也是坚持党的全心全意为人民服务根本宗旨的重要体现。党在任何时候都把群众利益放在第一位，任何情况下都必须全心全意依靠工人阶级，维护工人阶级的权利和利益。在发展社会主义市场经济的过程中，由于经济关系和劳动关系的变化，特别是在外商投资企业和私营企业中，仍然存在着侵犯职工合法权益的现象。因此，强化工会维护职工合法权益的基本职责，是我们党的根本宗旨的突出体现，也是党对工会的基本要求。只有从代表和维护职工的切身利益出发，才能从根本上调动广大职工的积极性和创造性，才能确保国家的总体利益更快更好地得以实现。

在社会主义市场经济条件下，工会履行维护职工合法权益的职责时，应当处理好维护广大职工群众的具体利益与维护全国人民的总体利益的关系。在我国的社会主义条件下，工人阶级上升成为国家的领导阶级，党和政府都代表和维护工人阶级的利益，从整体上说，全国人民的总体利益同职工的具体利益在根本上是一致的。坚持维护广大职工群众的具体利益与维护全国人民的总体利益相统一，是中国工会履行维护职责时必须坚持的政治原则和法律原则。

4. 哪些人可以参加工会？

《工会法》第三条规定，在中国境内的企业、事业单位、机关中以工资收入为主要生活来源的体力劳动者和脑力劳动者，不分民族、种族、性别、职业、宗教信仰、教育程度，都有依法参加和组织工会的权利。

工会是群众性组织，群众性决定了工会的开放性。参加工会的条件有两个方面：第一，以工资收入为主要生活来源的劳动者。这里的工资包括计时工资、计件工资以及津贴、奖金、佣金等其他形式的收入。这个要求意味着工会会员必须是劳动者。第二，劳动者的范围很广泛，既包括体力劳动者也包括脑力劳动者。在我国，知识分子是工人阶级的一部分，知识分子在各个领域发挥着重要的作用，是我国劳动者中重要的组成部分。只要是劳动者，不分民族、种族、性别、职业、宗教信仰、教育程度，都有依法参加和组织工会的权利。

此外，就算是在我国境内的外籍员工，也不因其外国国籍而丧失该项权利，仍有权参加工会。这也体现了工会组织中会员的广泛性、群众性，体现了我国宪法所规定的结社自由的原则。

5. 哪些单位可以组织工会？

在中国境内的企业、事业单位、机关和其他社会组织都可以依法组织工会。这里所说的企业，主要包括各类实行公司制的企业（包括有限责任公司和股份有限公司）、未实行公司制的企业法人、合伙企业等；从另一个角度也可以说包括国有独资公司、国有控股公司、集体所有制企业、私营企业、中外合资企业、中外合作经营企业、外商投资企业等。这里所说的机关，不包括国家军事机关。所谓“社会组织”一般指各种类型的社会群体，包括政治组织、经济组织（企业）、文化组织、军事组织、宗教组织等。目前，我国小微企业发展迅速。小微企业包括小型企业、微型企业、家庭作坊式企业、个体工商户。小微企业由于会员少可以联合建立基层工会委员会。

6. 工会的活动准则是什么？

《工会法》第四条第一款规定，工会必须遵守和维护宪法，以宪法为根本的活动准则，以经济建设为中心，坚持社会主义道路、坚持人民民主专政、坚持中国共产党的领导、坚持马克思列宁主义毛泽东思想邓小平理论，坚持改革开放，依照工会章程独立自主地开展工作。

我国的宪法是国家的根本大法，具有最高的法律效力。

工会作为一个社会团体，必须以宪法为根本的活动准则，必须在宪法规定的范围内开展活动。

7. 工会的主要任务有哪些？

（1）维护职工群众的合法权益和民主权利。在我国，维护职工合法权益是现阶段工会工作的核心内容，对于平衡劳资关系有着重要的意义。

（2）动员和组织职工积极参加建设和改革，努力完成经济与社会发展任务。

（3）组织和教育职工依照宪法和法律的规定行使民主权利，通过各种途径和形式，参与国家和社会事务的管理，参与本单位的民主决策、民主管理和民主监督。工会作为工人阶级的群众组织，作为社会主义政治体制中的重要社会政治团体，在代表和组织职工参与社会各层次的管理，实行社会监督方面，有着不可替代的作用。

（4）引导和教育职工不断提高自身的思想素质和文化技术素质，建设有理想、有道德、有文化、有纪律的职工队伍。工人阶级不仅是社会物质文明的建设者，也是精神文明的建设者，它在改造客观世界的同时，也在不断地改造着自己的主观世界。工会履行教育职能，就是要把远大理想和现实目标结合起来，通过日常的工作和各种群众活动，教育和团结广大职工，不断地把他们吸引到实现工人阶级各个阶段面临的任务的实践中来，真正做到教育人、引导人、培育人，促进职工思想道德、技术业务和科学文化素质的不断提高，为我国经济发展和社会进步提供精神动力和智力支持。

8. 工会的组织原则是什么?

《工会法》第九条第一款规定，工会各级组织按照民主集中制原则建立。这一原则体现了中国工会作为工人阶级的群众组织的性质，体现了中国共产党领导下的中国工会的根本特征。民主集中制是在民主的基础上实行集中。工会的一切组织和会员都必须按照这个根本原则进行活动。具体地讲，民主集中制有两方面的内容，即民主集中制的组织原则和民主集中制的活动原则。具体体现在以下几个方面：

（1）各级工会委员会由会员大会或者会员代表大会民主选举产生。会员大会是由同级工会的全体会员组成；会员代表大会由全体会员通过民主选举的代表组成。工会的地方各级代表大会和工会委员会是地方各级工会的领导机关，它们的产生，要充分体现选举人的意志。候选人的名单，要反复酝酿，充分讨论。选举采用无记名投票方式，可以直接采用候选人数多于应选人数的差额选举办法进行正式选举；也可以采用差额选举办法进行预选，产生候选人名单，然后进行正式选举。任何组织和个人，不得以任何方式强迫选举人选举或者不选举某个人。工会的各级领导机关，都由选举产生，这是工会的一项重要的组织原则。但是这里有一个限制性规定，即企业主要负责人的近亲属不得作为本企业基层工会委员会成员的人选。这里的“企业负责人”主要包括企业的经理、厂长以及董事会的主要成员等。

（2）各级工会委员会向同级会员大会或者会员代表大会负责并报告工作，接受其监督。工会的全国代表大会是工会的最高领导机关，它代表全体工会会员的意志，在工会组织内拥有最大的权力，享有最高的决策权、选举权和监督权。工会的地方各级代表大会则代表该区域工会会员的意志，享有相应的决策权、选举权和监督权，在本行政区划的工会组织内权力最大；产业工会代表大会则代表该产业工会会员的意志，亦享有相应的决策权、选举权和监督权。各级工会委员会委员由会员大会或者会员代表大会选举产生。各级工会委员会在大会闭会期间主持工会的日常工作，向大会负责，并向大会报告大会所决定的工作任务的完成情况、经费的使用情况以及其他大会认为有必要报告的情况，接受全体会员的监督。

（3）会员大会或者会员代表大会有权撤换或者罢免其所选举的代表或者工会委员会组成人员。工会会员认为会员代表或者工会委员有违法、违反章程或者失职、不称职以及其他违背工会会员意志的行为，可以要求撤换或者罢免其选举的代表或者委员；工会代表认为工会委员有违法、违反章程或者失职、不称职以及其他违背工会会员或者会员代表意志的行为，也可以要求撤换或者罢免工会委员。不论是要求撤换还是要求罢免代表或者工会委员，都要严格依照民主集中制的活动原则办事，坚持少数服从多数的原则，按照严格的程序办事，做到监督规范化。

（4）上级工会组织领导下级工会组织。中华全国总工会领导全国的工会组织。工会的最高领导机关，是工会的全国代表大会和它产生的中华全国总工会执行委员会。工会的地方各级领导机关，是工会的地方各级代表大会和它们产生的总工会委员会。

9. 建立基层工会组织的条件是什么？

《工会法》第十条第一款规定，企业、事业单位、机关有会员二十五人以上的，应当建立基层工会委员会；不足二十五人的，可以单独建立基层工会委员会，也可以由两个以上单位的会员联合建立基层工会委员会，也可以选举组织员一人，组织会员开展活动。女职工人数较多的，可以建立工会女职工委员会，在同级工会领导下开展工作；女职工人数较少的，可以在工会委员会中设女职工委员。《工会法》第四十四条第二款规定，各级工会建立经费审查委员会。

基层工会委员会由基层工会组织的会员大会或会员代表大会选举产生。为了加强基层工会委员会与职工的直接联系，基层工会委员会一般不设常委会，大型企事业单位的基层工会委员会如因工作需要，经上级工会批准，可以设常务委员会。基层工会委员会要承担起自己的职责和完成基本任务，要把两个方面的组织系统建立健全起来。一是经过选举把工会小组建设好。这样才能使基层工会的工作通过组织系统有效地落实到群众中去，并且使会员群众的意见和要求，通过组织系统很快地集中起来。二是根据工作需要聘请工会积极分子，建立一些工作委员会，如生活工作委员会、劳动安全卫生工作委员会等，这样才能使基层工会把各种工作任务承担起来，并且通过这些工作委员会中的广大工会积极分子，加强同群众的联系，使整个基层工会的工作真正扎根于群众之中。加强基层工会组织建设的基础，是要加强工会小组的建设。基层工会的许多活动，都要在工会小组里落实。工会小组犹如工会的细胞，细胞有了活力，基层工会的工作才能朝气蓬勃。

10. 乡镇能否建立工会？

为了最大限度地把职工组织到工会中来，应当扩展和强化工会的组建工作，至于乡镇是否要普遍建立工会，应当根据不同情况，区别对待。在企业职工比较多的乡镇（街道），可以设立工会。《工会法》第十条第二款规定，企业职工较多的乡镇、城市街道，可以建立基层工会的联合会。

随着我国工业化、城镇化进程的加快，乡镇（街道）的企事业单位数量大幅度增长，为适应乡镇（街道）工会工作的需要，中华全国总工会于2004年下发了《关于开展建立乡镇（街道）总工会试点工作的意见》，提出在经济发达、职工人数较多的乡镇（街道），可以开展建立总工会的试点工作。已经建立的乡镇（街道）总工会，在县（市、旗）总工会领导下，对本地区内的工会组织实行领导，在履行地方工会的职责的同时，根据工作需要代行基层工会难以履行的部分维权职能。

11. 地方总工会及产业工会建立的原则是什么？

《工会法》第十条第三款、第四款规定，县级以上地方建立地方各级总工会。同一行业或者性质相近的几个行业，可以根据需要建立全国的或者地方的产业工会。

产业与地方相结合的原则，从组织上来说包括三层含义：一是按照产业原则，把同一企业、事业、机关中的会员，组织在一个工会基层组织中，而不是在一个单位中按工种、按职业组成若干个职业工会。二是同一行业或性质相近的几个行业的职工建立产业工会组织，开展适合产业特点的活动，反映和解决本产业职工需要解决的共同性问题。三是按行政区划，在省、自治区、直辖市、自治州、市、县（旗）建立各级地方总工会，作为当地地方工会和产业工会地方组织的领导机关。实行产业与地方相结合的原则，符合职工群众意愿。在《中国工会章程》中提出了产业与地区相结合的原则，集中了产业原则的长处，发挥了地区的优势，使得工会系统在组织领导关系上更加完善，更加切合我国的实际。有的产业工会由于生产、管理高度集中，工会组织的领导关系实行产业工会与地方工会双重领导，以产业工会为主，如中华全国铁路总工会和民航工会等产业工会；有的产业工会是对下实行工作指导，主要由地方工会领导，如教育工会等。这样从实际情况出发确定产业工会的组织形式和领导关系，是完全符合我国国情的。

12.《工会法》为什么规定全国建立统一的中华全国总工会？

《工会法》第十条第五款规定，全国建立统一的中华全国总工会。在全国建立统一的工会，是根据中国的历史、现实和工人群众的意愿作出的规定，目的是使工人群众的力量团结、统一，是符合工人群众根本利益的，也是工人群众当家做主的集中体现。建立统一的工会组织，有利于维护工人阶级队伍的团结，实现自己的历史使命，也有利于维护职工群众的合法权益。

13. 为什么不得随意撤销、合并工会组织？

工会组织依法建立后，应当受到法律保护。《工会法》第十二条第一款、第二款规定，任何组织和个人不得随意撤销、合并工会组织。基层工会所在的企业终止或者所在的事业单位、机关被撤销，该工会组织相应撤销，并报告上一级工会。

从实践情况看，撤销工会的现象主要表现在：取消工会牌子、收回工会工作场地、不按规定拨缴工会经费、取消工会专职工作人员、不给工会提供办公场所和设备等方面。合并工会的现象主要表现在：把工会委员会的工作机构和人员与党群工作部门合并或合署办公，由党群工作部门负责人兼任工会主席，统一部署工作、统一开展活动、统一考核检查、统一使用工会经费。上述违法行为，必须按照《工会法》和《中国工会章程》的规定予以纠正。

14. 工会是否具有法人资格?

法人是具有民事权利能力和民事行为能力，依法独立享有民事权利和承担民事义务的组织。按照我国《民法通则》的规定，我国的法人分为企业法人、机关法人、事业单位法人和社会团体法人。《民法通则》规定，法人必须具备四个条件：第一，依法成立；第二，有必要的财产或经费；第三，有自己的名称、组织机构和场所；第四，能够独立承担民事责任。工会属于社会团体法人，由于各级工会的具体情况差别较大，《工会法》对工会的法人资格问题分两种情况作了规定：

（1）中华全国总工会、地方总工会、产业工会，从成立之日起具有社会团体法人资格。也就是说，中华全国总工会、地方总工会、产业工会不需办理法人登记手续即具有社会团体法人资格。

（2）基层工会组织具备《民法通则》规定的法人条件

的，依法取得社会团体法人资格。也就是说，一个基层工会组织是否能够取得法人资格，要依据《民法通则》规定的法人条件予以确定。

15. 基层工会委员会的任期是多久？

《工会法》第十五条规定，基层工会委员会每届任期三年或者五年。各级地方总工会委员会和产业工会委员会每届任期五年。

基层工会委员会是基层工会会员代表大会或会员大会选举产生的基层工会组织的领导机构，在基层工会会员代表大会或会员大会闭会期间，负责执行会员大会或会员代表大会决议和上级工会的决定，主持工会基层组织的日常工作，承担企业、事业单位和其他社会组织职工代表大会工作机构的职责，代表本单位职工同行政签订集体合同或专项协议。

16. 《工会法》对工会主席、副主席的任职及罢免有哪些规定？

《工会法》第十三条规定，职工二百人以上的企业、事业单位的工会，可以设专职工会主席。工会专职工作人员的人数由工会与企业、事业单位协商确定。《工会法》第十七条第一款规定，工会主席、副主席任期未满时，不得随意调动其工作。因工作需要调动时，应当征得本级工会委员会和上一级工会的同意。这是保障体现选举人的意志，尊重选举人的民主权利，是法律赋予的会员大会或会员代表大会权力的需要，也是保障各级工会主席、副主席应向选举人负责并报告工作，接受监督的需要，以便他们能更好地代表和维护会员利益，依法做好工会领导工作。这也是对工会依法独立自主开展工作的保障。这些都要求各级政府及其他部门在调动工会主席、副主席的工作时，要充分尊重工会会员大会或会员代表大会的民主意志，保障工会主席、副主席依法履行会员赋予的职责。

《工会法》第十七条第二款规定，罢免工会主席、副主席必须召开会员大会或者会员代表大会讨论，非经会员大会全体会员或者会员代表大会全体代表过半数通过，不得罢免。

17. 《工会法》对工会工作人员的劳动合同有哪些保护性规定？

（1）基层工会专职主席、副主席或者委员自任职之日起，其劳动合同期限自动延长，延长期限相当于其任职期间。

（2）非专职主席、副主席或者委员自任职之日起，其尚未履行的劳动合同期限短于任期的，劳动合同期限自动延长至任期期满。

（3）任职期间个人严重过失或者达到法定退休年龄的除外。

18. 工会如何保障企业、事业单位职工的民主权利？

《工会法》第十九条规定，企业、事业单位违反职工代表大会制度和其他民主管理制度，工会有权要求纠正，保障职工依法行使民主管理的权利。法律、法规规定应当提交职工大会或者职工代表大会审议、通过、决定的事项，企业、事业单位应当依法办理。

19. 工会在职工签订劳动合同中有哪些作用？

《工会法》第二十条第一款规定，工会帮助、指导职工与企业以及实行企业化管理的事业单位签订劳动合同。这是工会推动劳动合同制度实施的切入点和主要任务，是工会依法维护职工合法权益的重要途径。签订规范的劳动合同，是依法维护职工合法权益的前提和基础。

劳动合同是职工与用人单位签订的，用以确定双方劳动关系，明确双方权利义务的协议。劳动合同的签订直接关系到职工的劳动就业、劳动报酬、劳动安全卫生、社会保险等项权利的实现。在职工与企事业单位签订劳动合同的过程中，需要工会对职工提供帮助、指导。这些帮助和指导主要是对职工做一些宣传解释工作，教育职工认识到签订劳动合同的重要性，指导职工如何签订劳动合同，告知职工什么是合法的、什么是违法的、在劳动合同中有什么权利、应履行什么义务、怎样正确履行劳动合同、违反劳动合同要承担什么法律责任、发生合同纠纷后怎么办等问题，使职工依法正确签订劳动合同，避免盲目签订、事后反悔等现象发生，便于劳动合同的正确履行，维护职工的合法权益。

20. 工会如何代表职工签订集体合同？

《工会法》第二十条第二款、第三款规定，工会代表职工与企业以及实行企业化管理的事业单位进行平等协商，签订集体合同。集体合同草案应当提交职工代表大会或者全体职工讨论通过。工会签订集体合同，上级工会应当给予支持和帮助。

工会代表职工与企业以及实行企业化管理的事业单位行政方面签订集体合同，主要目的是保障本单位职工的劳动权益和其他合法权益，协调企业经营者与企业职工之间带有共性的劳动关系，在发展生产的基础上有计划地逐步提高职工的物质文化生活水平。同时，集体合同把企业经营者和职工各自的义务用合同形式确定下来，使他们在生产经营过程中共担风险、共负责任、共享利益，有利于增强企业活力，促进生产发展，为企业的兴旺发达提供了可靠保障。集体合同的内容包括劳动报酬、工作时间、休息休假、劳动安全卫生、保险福利等事项。用人单位与劳动者订立的劳动合同中劳动报酬和劳动条件等标准不得低于集体合同规定的标准。

集体合同草案应提交职工代表大会或者全体职工讨论通过。工会是代表职工进行平等协商、签订集体合同的，同时也可以为以后对集体合同的履行进行监督和检查。集体合同草案在提交职工代表大会或全体职工讨论通过后，由工会基层委员会主席代表全体职工与企业、事业单位的行政领导人或经营者签署。在签订集体合同时，上级工会可以给予指导和帮助，这对保证集体合同签订的合法、规范，减少纠纷也是有一定作用的。

21. 遇到企业违反集体合同的情况，工会该怎么办？

《工会法》第二十条第四款规定，企业违反集体合同，侵犯职工劳动权益的，工会可以依法要求企业承担责任；因履行集体合同发生争议，经协商解决不成的，工会可以向劳动争议仲裁机构提请仲裁，仲裁机构不予受理或者对仲裁裁决不服的，可以向人民法院提起诉讼。

因履行集体合同发生争议，首先双方应当尽量协商，在双方互相理解的基础上解决问题，这是化解矛盾最好的方式。

如果双方不能协商解决，工会和企业中任何一方均可以向劳动争议仲裁机构申请仲裁。双方中的任何一方对仲裁机构不予受理或者对仲裁裁决不服的，可以向人民法院提起诉讼。

22. 工会如何帮助受单位不适当处分或辞退的职工？

《工会法》第二十一条规定，企业、事业单位处分职工，工会认为不适当的，有权提出意见。企业单方面解除职工劳动合同时，应当事先将理由通知工会，工会认为企业违反法律、法规和有关合同，要求重新研究处理时，企业应当研究工会的意见，并将处理结果书面通知工会。职工认为企业侵犯其劳动权益而申请劳动争议仲裁或者向人民法院提起诉讼的，工会应当给予支持和帮助。

（1）企业、事业单位处分职工，工会有权提出意见。这一规定，有助于保障企业、事业单位处分职工必须依法进行，有助于维护职工合法权益。它要求企业、事业单位对工会提出的意见认真考虑，采纳合理的建议。

（2）解除劳动合同是企业对职工最严厉的处分形式，直接影响职工的工作和生活，为此必须慎重进行。根据《工会法》第二十一条的规定，一方面要求企业解除劳动合同应有法定理由，并应当事先将理由通知工会；另一方面规定工会对企业作出的解除劳动合同的决定，如有违反法律法规和有关合同的，应当以书面形式正式提出不同意见，要求企业重新研究处理。这样做既有利于保障职工合法权益不受侵害，稳定职工情绪，又有利于促进企业依法行使职权。对工会提出的意见，企业必须研究，慎重处理，并将处理结果以书面形式正式通知工会。

23. 职工的劳动权益受到侵犯时，工会如何处理？

职工的劳动权益，是指基于劳动关系的建立而产生的职工应享有的不容侵犯的权利。包括劳动合同的履行、劳动合同的解除；劳动报酬；工作、休息时间；劳动安全卫生；职业培训、社会保险与福利待遇；奖励；企业民主管理等方面。

《工会法》第二十二条规定，企业、事业单位违反劳动法律、法规规定，有下列侵犯职工劳动权益情形，工会应当代表职工与企业、事业单位交涉，要求企业、事业单位采取措施予以改正；企业、事业单位应当予以研究处理，并向工会作出答复；企业、事业单位拒不改正的，工会可以请求当地人民政府依法作出处理：（1）克扣职工工资的；（2）不提供劳动安全卫生条件的；（3）随意延长劳动时间的；（4）侵犯女职工和未成年工特殊权益的；（5）其他严重侵犯职工劳动权益的。

根据我国有关法律、法规规定，因企业违反劳动法律、法规，使职工合法权益受到侵犯并形成争议，工会应根据不同情况提出解决意见。在国有企业或集体企业中，可通过劳动争议调解委员会依法调解有关争议；在外商投资企业和私营企业中由此引发的劳动争议，争议双方可以进行协商。工会也可以代表职工与企业协商。无论是在国有企业、集体企业，还是外商、私营企业，通过调解或者协商不能解决的，职工可向劳动争议仲裁机构申请仲裁。对仲裁裁决仍然不服的，可依法向企业所在地人民法院提起诉讼。对于向仲裁机构或者人民法院提起诉讼的职工，工会应当给予支持并为其提供法律上的帮助。法律上的帮助包括提供法律咨询、帮助当事人写法律文书、被委托担任当事人的诉讼代理人等。对经济特别困难的职工，工会也应给予经济上的帮助。根据我国《民事诉讼法》的有关规定，工会作为同当事人有关的社会团体可以推荐有关人员接受职工委托，作为其诉讼代理人参加诉讼活动，并有权调查收集证据和查阅本案材料，行使诉讼代理人的权利，有效地依法维护职工的合法权益。

24. 工会对新建、扩建企业和技术改造工程中的劳动条件和安全卫生设施如何监督？

《工会法》第二十三条规定，工会依照国家规定对新建、扩建企业和技术改造工程中的劳动条件和安全卫生设施与主体工程同时设计、同时施工、同时投产使用进行监督。对工会提出的意见，企业或者主管部门应当认真处理，并将处理结果书面通知工会。

工会依法对“三同时”进行监督，主要是监督新建工程项目的劳动安全卫生设施是否齐全，作业条件是否符合国家相关标准，以防止新建、改建、扩建生产性基本建设工程项目产生新的隐患，避免历史遗留隐患未消除又产生新的隐患，从而保障职工在生产过程中具有最基本的安全生产条件。

企业或主管部门对工会提出的意见，应当认真研究、处理解决，并应当将研究处理结果书面通知工会。对确有法律依据的，应按工会的意见处理。对未按工会意见处理的，工会还可以向有关主管部门反映，或向上一级工会反映，要求解决。

25. 当企业、事业单位发生侵犯职工权益问题时，工会如何进行调查？

《工会法》第二十五条规定，工会有权对企业、事业单位侵犯职工合法权益的问题进行调查，有关单位应当予以协助。

这里的工会，包括基层工会和县以上各级总工会、产业工会。工会行使调查权时，可以派出代表，持有关工会组织的证明。调查方式可以多种多样，既可以询问有关人员取得第一手材料，也可以实地调查取证，掌握企业、事业单位侵犯职工合法权益的起因、过程及造成的后果，为依法提出工会的处理意见准备事实根据。对工会的调查，企业、事业单位应该予以协助，提供方便条件，不得故意设置障碍。工会对企业、事业单位干扰工会进行调查的行为，可以建议有关部门查处。工会依法行使调查权，为工会维护职工群众的合法权益提供有效的手段，同时，工会通过行使这一权利，也可以促进企业、事业单位依法行使职权，尊重职工的各项合法权益，从而为开展工会工作提供有力的保障。

26. 发现明显重大事故隐患和职业危害时，工会如何处理？

《工会法》第二十四条规定，工会发现企业违章指挥、强令工人冒险作业，或者生产过程中发现明显重大事故隐患和职业危害，有权提出解决的建议，企业应当及时研究答复；发现危及职工生命安全的情况时，工会有权向企业建议组织职工撤离危险现场，企业必须及时作出处理决定。

违章指挥是企业行政方面在生产过程中，不遵守国家关于安全生产和工业卫生方面的安全规程或规章制度，命令或指挥工人违章操作或冒险作业。明显重大事故隐患是指在生产过程中或作业现场不仅存在着事故苗头，而且这种苗头已非常明显，如果不采取措施，就将发生致人重伤或死亡，或给国家财产造成重大损失的事故。职业危害是指在生产过程中或作业场所存在着危害职工身体健康的尘毒危害和工业性毒物，如果不采取防治措施，将直接危害职工生命健康，导致职业病。

工会发现企业行政方面违章指挥、强令工人冒险作业，或者生产过程中发现明显重大事故隐患和职业危害，有权提出解决的建议，建议企业停止违章指挥，改变让工人冒险作业的指令，采取有力措施消除生产过程中存在的明显事故隐患和职业危害，以确保职工的生命健康。企业方面应当及时研究工会的意见，不得推诿，并将处理结果及时通知工会。

工会在生产过程中发现危及职工生命安全的情况时，有权向企业建议组织职工撤离危险现场。企业或现场指挥人员应及时研究工会的建议，果断地作出处理决定，避免伤亡事故的发生。这里需要说明的是，工会对解决企业行政方面违章指挥，对职工撤离即将发生重大事故的危险现场，规定的都是向企业行政方面提出“建议”，而不是去直接制止或组织撤离。这是因为涉及生产的指挥和组织问题，应当由企业、公司行政决定。工会为了维护职工的生命和健康，有提出解决问题的建议权，工会的建议权，与企业、公司的经营管理权目标是一致的。工会行使这一权利，防患于未然，不仅保障了职工的生命安全，而且也保护了企业的利益不受损害，有利于维护企业行政的指挥权威，提高职工安全生产的自觉性。

27. 工会如何调查因工伤亡事故和其他严重危害职工健康的问题？

《工会法》第二十六条规定，职工因工伤亡事故和其他严重危害职工健康问题的调查处理，必须有工会参加。工会应当向有关部门提出处理意见，并有权要求追究直接负责的主管人员和有关责任人员的责任。对工会提出的意见，应当及时研究，给予答复。《安全生产法》和《职业病防治法》也有相关的规定。

作为职工权益的代表者和维护者，工会在参加伤亡事故调查处理时要特别注意保护职工的合法权益。

（1）要注意是否有瞒报、漏报事故的情况。瞒报、漏报事故，一是有可能使伤亡职工不能依法享受工伤保险待遇和遗漏用人单位应承担的民事赔偿；二是无法防范同类事故的发生，从而可能使更多的职工受到同样的伤害。

（2）工会在事故调查、分析事故原因时，既要分析事故的直接原因（人的不安全行为和物的不安全状态），更要分析导致事故的间接原因（管理缺陷）；在确定和处理事故责任者时，既要确定和处理事故的直接责任者（包括直接操作者和直接指挥者），也要确定和处理事故的间接责任者（包括负有领导责任的领导者和负有管理责任的管理人员)。只有这样，事故调查处理才比较全面、公正。

(3) 在伤亡事故调查处理过程中，要调查了解用人单位是否依法履行了工伤保险责任。当用人单位违反了有关法律，侵害了职工的合法权益，受害人提出民事赔偿要求时，工会应当为职工提供必要的法律援助。

28. 企业、事业单位发生职工停工、怠工等事件，工会应当如何处理？

《工会法》第二十七条规定，企业、事业单位发生停工、怠工事件，工会应当代表职工同企业、事业单位或者有关方面协商，反映职工的意见和要求并提出解决意见。对于职工的合理要求，企业、事业单位应当予以解决。工会协助企业、事业单位做好工作，尽快恢复生产、工作秩序。

在处理企业的停工、怠工事件中，工会作为党和政府联系职工群众的桥梁和纽带，与职工有着密切联系，熟悉职工的具体利益，了解职工的意见和要求，能够在协调企业行政与职工之间的关系上发挥重要作用。工会应当代表和维护职工的利益，反映职工的意见和要求并提出解决意见，对职工提出的合理要求，要代表职工与企事业行政或者有关方面进行协商，反映职工的意见和要求，督促其及时地予以解决，满足职工的意愿和要求，避免矛盾激化。同时，要教育和引导职工尽早投入生产和工作，恢复正常的生产和工作秩序。要使职工懂得，坚持和发展生产，于国家有利，于企业有利，于自己也有利。在企业发生职工停工、怠工事件时，只有正确处理好企业与职工的关系，妥善解决矛盾，才能避免可能发生的重大恶性事件，维护企业生产的正常进行，促进社会安定和经济的发展。

29. 工会如何通过劳动争议调解委员会维护职工权益？

劳动争议调解委员会依法调解本企业劳动争议，在分清是非和民主协商的基础上，达成协议，解决劳动纠纷。《工会法》第二十八条第一款规定，工会参加企业的劳动争议调解工作。工会参加企业的劳动争议调解工作，有利于化解矛盾，增强团结，促进生产，稳定大局。

根据《劳动争议调解仲裁法》的相关规定，企业劳动争议调解委员会由职工代表和企业代表组成。职工代表由工会成员担任或者由全体职工推举产生，企业代表由企业负责人指定。企业劳动争议调解委员会主任由工会成员或者双方推举的人员担任。这就决定了企业工会在劳动争议调解程序中具有特殊的地位。

劳动争议调解委员会办事机构设在企业工会的，企业工会主要负责组织召开劳动争议调解委员会会议，受理劳动争议，支持劳动争议调解委员会的工作，对广大职工和企业行政宣传劳动争议调解的作用和意义，促进调解工作的顺利进行。

企业工会在劳动争议调解过程中的作用主要是通过其在劳动争议调解委员会中的代表进行的，既要维护职工合法权益，又要依法维护企业的合法权益，在以事实为根据，以法律为准绳的原则上进行调解工作。企业工会虽然以其在劳动争议调解过程中的特殊地位组织、参加调解，但它不能替代劳动争议调解委员会的工作，对劳动争议事项的具体调解工作应由劳动争议调解委员会进行。

30. 工会在劳动争议仲裁中发挥什么作用?

所谓劳动争议仲裁，是指劳动争议仲裁委员会根据当事人的申请，依法对劳动争议在事实上作出判断、在权利义务上作出裁决的一种法律制度，劳动争议仲裁委员会是依法成立的，通过仲裁方式处理劳动争议的机构，它独立行使劳动争议仲裁权。劳动争议仲裁委员会是解决劳动争议的专门机构，由劳动行政部门代表、工会代表、企业方面代表组成。

《工会法》第二十八条第二款规定，地方劳动争议仲裁组织应当有同级工会代表参加。劳动争议仲裁工作是公正合理地处理劳动争议的重要环节，工会代表参加劳动争议仲裁委员会，依法维护职工的合法权益，有利于劳动争议仲裁委员会听取各方面意见，正确行使仲裁权，解决劳动争议。

31. 工会如何协助企业、事业单位、机关办好职工集体福利事业？

《工会法》第三十条规定，工会协助企业、事业单位、机关办好职工集体福利事业，做好工资、劳动安全卫生和社会保险工作。

职工集体福利事业，是由企业、事业单位、机关行政方面兴办的，包括职工食堂、浴室、托儿所、医务室以及生活供应等各项集体事业。办好这些职工集体福利事业，有利于保证职工身体健康，进一步调动职工群众的生产积极性，更好地发展生产，也是办好社会主义企业必不可少的工作。

工会协助企业、事业单位、机关办好职工集体福利事业，是工会性质的必然要求。关心职工生活，帮助职工群众解决生活问题，是工会密切联系群众的有效手段。工会关心群众生活，为他们办好事、办实事，使广大职工群众感到工会确实是自己的组织，工会才能更广泛地团结群众。

工会要做好职工的生活工作，首先要搞好职工的生活福利事业，建言献策，推动企事业重视生活福利事业，并协助行政兴办集体福利事业，改善各项集体福利设施。工会要做好从事生活后勤职工工作的思想教育工作，提高他们对服务工作的认识，树立良好的服务态度和职业道德观念；组织对生活福利工作的检查，促进服务水平的不断提高；协助行政改善职工生活条件。

32. 工会如何协助企业、事业单位做好职工劳动安全卫生工作？

劳动安全卫生，是指通过加强劳动保护管理和采取安全技术、工业卫生等综合措施，不断改善劳动条件，防止或消除在生产中的伤亡事故和各种职业危害，保障职工的安全和健康，以达到保护生产力，不断提高劳动效率和经济效益，保证社会主义生产建设事业健康发展的目的。劳动安全卫生主要包括三个方面，即劳动保护管理、安全技术、工业卫生。

加强劳动保护，搞好安全生产，保护职工的安全和健康，关系到职工的切身利益。工会要从自己的性质、特点出发，做好劳动保护工作。要关心职工劳动条件的改善，维护职工在劳动中的安全健康，监督国家有关劳动保护、安全技术、工业卫生等法律、法规、规章的贯彻执行。工会应向职工进行安全教育，督促行政方面解决影响职工安全健康的问题，参加安全检查和伤亡事故的调查处理，还要通过开展群众性的监督检查活动，进行群众性的劳动安全卫生宣传教育，组织预防事故和职业病的群众活动等，搞好劳动保护工作。

33. 工会如何协助企业、事业单位做好职工社会保险工作?

社会保险工作，是工会为维护职工享有国家法律所规定的社会保障权利的一项群众性工作。社会保险是社会保障体系中的一项重要制度，是社会保障制度的核心内容。社会保险制度，是国家和社会对暂时或永久丧失劳动能力的职工，以及失业者给予物质帮助或物质保障的制度，包括养老、医疗、失业、工伤、生育保险。实行社会保险制度，对保护职工身体健康，解决职工在生活上的后顾之忧方面起到了重要作用。工会要积极参与、推动我国社会保险制度的改革，协助政府和企业进一步做好职工的社会保险工作。

34. 工会应当如何开展职工教育活动，丰富职工文化生活?

《工会法》第三十一条规定，工会会同企业、事业单位教育职工以国家主人翁态度对待劳动，爱护国家和企业的财产，组织职工开展群众性的合理化建议、技术革新活动，进行业余文化技术学习和职工培训，组织职工开展文娱、体育活动。

业余文化、技术学习和培训，属于职工文化技术教育工作，是我国成人教育的重要组成部分，在整个国民教育体系中占有重要地位。职工教育是工会工作的重要内容，工会要积极主动地参与当地政府部门和企业行政组织的职工教育工作，进一步办好工会系统的各级各类职工学校，深入开展读书自学活动，鼓励和支持职工走岗位成才之路，发挥工会优势，大力推动岗位培训。工会在组织职工开展文化技术教育时，要依照“全员培训”、“正规化”的原则来进行。所谓“全员培训”，就是要对各行各业所有职工，无例外地进行结合本职工作的科学文化技术知识的教育和技能技巧的训练。“正规化”，是指职工教育应该努力做到任务明确，要求具体，制度严格，进度合理，成绩显著。

工会通过组织职工开展各种有益的文体活动，使职工在活动中受到熏陶、教育和锻炼，不仅能提高职工的文化素质，而且也可以提高职工的社会主义思想、道德水准和健康水平，使职工得到积极的休息，以更充沛的精力投身于生产中去，提高劳动效率。工会要充分运用工人文化宫、俱乐部、“职工书屋”等文化设施，广泛组织职工开展文化体育活动。使职工群众在完成生产、工作任务之后，得到有益于身心健康的文化娱乐和休息，以消除疲劳，恢复体力，陶冶性情，焕发精神，并得到美的享受。还要通过举办多种类型的报告会、演讲会、学习班、座谈会、讲座和展览，努力提高职工的科学知识、文化技能和体育、美育水平。为此，工会要积极创造条件，使职工群众在业余时间有可能参加各种文化娱乐活动。

35. 企业职工如何参与企业民主管理？

职工参与企业民主管理，是由我国的政治制度和生产资料公有制性质决定的。但是，不可能每一个职工都直接以主人的身份去管理企业，只能选出自己的代表，通过一定组织方式来进行。职工代表大会是企业实行民主管理的基本形式，是职工行使民主管理权力的机构。职工代表是由职工民主选举出来的。职代会有下列职权：（1）听取企业主要负责人关于企业发展规划、年度生产经营管理情况，企业改革和制定重要规章制度情况，企业用工、劳动合同和集体合同签订履行情况，企业安全生产情况，企业缴纳社会保险费和住房公积金情况等报告，提出意见和建议；审议企业制定、修改或者决定的有关劳动报酬、工作时间、休息休假、劳动安全卫生、保险福利、职工培训、劳动纪律以及劳动定额管理等直接涉及劳动者切身利益的规章制度或者重大事项方案，提出意见和建议；（2）审议通过集体合同草案，按照国家有关规定提取的职工福利基金使用方案、住房公积金和社会保险费缴纳比例和时间的调整方案，劳动模范的推荐人选等重大事项；（3）选举或者罢免职工董事、职工监事，选举依法进入破产程序企业的债权人会议和债权人委员会中的职工代表，根据授权推荐或者选举企业经营管理人员；（4）审查监督企业执行劳动法律法规和劳动规章制度情况，民主评议企业领导人员，并提出奖惩建议；（5）法律法规规定的其他职权。

企业职工应当尊重和支持企业依法行使管理职权，积极参与企业管理。职工是企业管理的重要参与者，职工是企业实行民主管理的重要主体，在企业民主管理中负有极其重要的责任。职工应当具有高度的民主管理意识和素养，积极参与企业民主管理活动，勇于表达自己的意愿和利益诉求，规范行使各项民主管理权利，主动提出改进企业民主管理、促进企业科学发展的意见建议，使企业民主管理成为汇集职工智慧和力量、促进企业可持续发展的源泉，推动企业充满生机与活力地健康发展。

36. 为什么工会组织要推动企业实行民主管理？

组织职工依法参与企业管理，开展企业民主管理活动，维护职工合法权益，既是企业工会的职责，也是各级工会组织的任务。《工会法》第六条第三款规定，工会依照法律规定通过职工代表大会或者其他形式，组织职工参与本单位的民主决策、民主管理和民主监督。《工会法》第三十五条第一款规定，国有企业职工代表大会是企业实行民主管理的基本形式，是职工行使民主管理权力的机构，依照法律规定行使职权。《工会法》第三十六条规定，集体企业的工会委员会，应当支持和组织职工参加民主管理和民主监督，维护职工选举和罢免管理人员、决定经营管理的重大问题的权力。《工会法》第三十七条规定，本法第三十五条、第三十六条规定以外的其他企业、事业单位的工会委员会，依照法律规定组织职工采取与企业、事业单位相适应的形式，参与企业、事业单位民主管理。

把民主管理作为工会工作的重点，既是法律赋予工会组织的职责，也是劳动关系市场化对工会提出的客观要求。依法建立起来的工会组织，必须代表和维护广大职工的合法权益和合理诉求，而大多数职工的利益诉求需要通过职工代表大会这一规范的制度以少数服从多数的民主方式来形成和证明。工会可通过实行企业民主管理实现维护职能，即维护职工群众依法享有的民主政治权利和劳动经济权益。

37. 职工代表大会与工会的关系是什么？

《工会法》第三十五条第二款规定，国有企业的工会委员会是职工代表大会的工作机构，负责职工代表大会的日常工作，检查、督促职工代表大会决议的执行。

职工代表大会与工会的关系是：工会是职工代表大会的工作机构，而不是它的常设机构。工作机构与常设机构是有原则区别的，常设机构在职工代表大会闭会期间，行使职工代表大会的职权。工作机构没有这种职权。它的任务是：会同有关部门进行大会的筹备工作、会务工作以及大会闭会期间的日常组织工作，办理职工代表大会或主席团交办的事项。工会作为职工代表大会的工作机构的工作内容包括：建立、健全职工代表大会制度和做好职工代表大会的宣传教育工作；提出关于召开职工代表大会的中心议题和议程的建议，会同有关部门准备会议文件和做好会议的筹备工作；组织选举职工代表，审查代表资格；组织职工代表活动，检查大会决议、提案的落实情况；组织与支持各专门工作委员会开展活动；培训职工代表等。由于职工对企业的民主管理工作，始终与工会紧密相连，工会在代表和组织职工参加民主管理的过程中，积累了许多经验，有能力充任职工代表大会的工作机构。此外，工会和职工代表大会在民主管理方面的任务和作用有很多的一致性。因此，由工会承担职工代表大会的日常工作，作为职工代表大会的工作机构是适宜的。企业工会作为职工代表大会的工作机构，应该检查督促职工代表大会决议的执行情况，发动职工落实职工代表大会决议。

38. 工会参与企业决策具体体现在哪些方面？

《工会法》第三十八条规定，企业、事业单位研究经营管理和发展的重大问题应当听取工会的意见；召开讨论有关工资、福利、劳动安全卫生、社会保险等涉及职工切身利益的会议，必须有工会代表参加。企业、事业单位应当支持工会依法开展工作，工会应当支持企业、事业单位依法行使经营管理权。

企业在经营管理方面是具有自主权的，是独立进行的。但是企业在研究经营管理和发展的重大问题时，往往涉及职工利益，听取工会的意见，能使企业、事业单位在决策前充分听取各方面的意见，有利于决策的科学化、民主化，更有利于维护职工的合法权益。同时，工会参加企业、事业单位重大问题的讨论，也可以使广大职工更好地了解企业、事业单位制订发展计划的依据、原因以及发展方向，建言献策，反映诉求，企业也可以取得广大职工的合作，更进一步调动职工群众的生产积极性，搞好企业、事业单位的发展。

工会是代表职工利益、为职工说话办事的群众组织。当企业召开讨论有关工资、福利、劳动安全卫生、社会保险等涉及职工切身利益的会议时，要有工会代表参加，使工会在讨论这些涉及职工切身利益的问题的会议上，能够反映职工的意见和要求，在工资、福利、劳动安全卫生等方面维护职工的合法权益，促进企业内部的安定团结和生产持续稳定的发展。

39. 为什么基层工会委员会组织职工活动应当在生产时间以外进行？

《工会法》第四十条第一款规定，基层工会委员会召开会议或者组织职工活动，应当在生产或者工作时间以外进行，需要占用生产或者工作时间的，应当事先征得企业、事业单位的同意。

生产或工作时间是指法定的从事生产或工作的时间。工会召开会议或组织职工活动一般应当在业余时间进行，这是工会开展活动的一项基本原则。如果工会活动经常占用生产或工作时间，就会影响正常的生产和工作，需要占用生产或者工作时间的，应当事先征得企业、事业单位的同意。

40. 为什么要规定基层工会的非专职委员从事工会工作的时间？

《工会法》第四十条第二款规定，基层工会的非专职委员占用生产或者工作时间参加会议或者从事工会工作，每月不超过三个工作日，其工资照发，其他待遇不受影响。

作为非专职的工会委员，不像专职的工会工作者，可以将全部工作时间用于工会活动，而是要把主要精力放在生产上，因此，其从事工会活动大部分是利用业余时间。在某些场合下，当非专职的工会委员从事工会活动必须占用生产时间时，应在法律规定的限度内。在此限度内，法律保障其基本的权益，即工资和待遇不受影响。企业、事业单位应依法为之提供必要的时间，以利于工会活动的完成。因为劳动报酬包括工资、奖金等，都是根据生产或工作时间或完成的任务来支付的。非专职工会委员有时组织或参加一些不可能用业余时间进行的工会活动时，如文体比赛及参加会议等，就会影响他们的生产或工作，相应地就要影响他们获得的劳动报酬。为了调动非专职工会委员从事工会工作的积极性，使他们不致因为从事工会工作而使自己的劳动报酬受损失，《工会法》第四十条第二款的规定较好地解决了非专职工会委员占用生产时间从事工会活动的需要，保证了非专职工会工作者的工资和福利待遇不受影响，对企业来说，也有一个明确的限度，保障了企业的权益。

41. 如何支付基层工会专职工作人员的工资福利待遇？

《工会法》第四十一条规定，企业、事业单位、机关工会委员会的专职工作人员的工资、奖励、补贴，由所在单位支付。社会保险和其他福利待遇等，享受本单位职工同等待遇。这一规定明确了工会基层专职工作人员工资的开支渠道，为基层工会专职工作人员领取工资、奖励、补贴提供了法律上的依据。

这里说的工资，包括附加工资；实行结构工资制的单位，则包括基础工资、职务工资、工龄工资。奖励，在企事业单位，包括月奖金、年终奖金以及生产奖等，应与同级别的管理人员同等对待；在机关，应与机关同级别的工作人员同等对待。补贴，包括国家补贴，企业、事业单位和机关内部为本单位职工发放的各种补贴。

对基层工会专职工作人员的社会保险和其他福利待遇等，《工会法》也明确了相应的开支渠道和支付标准。即基层工会专职工作人员社会保险费用的缴纳和领取、生活福利待遇的发放等享受与所在的企业、事业单位、机关中的其他职工相同的执行渠道和相同的支付标准。

42. 工会经费包括哪些部分？

《工会法》第四十二条第一款规定，工会经费的来源：(1) 工会会员缴纳的会费；(2) 建立工会组织的企业、事业单位、机关按每月全部职工工资总额的百分之二向工会拨缴的经费；(3) 工会所属的企业、事业单位上缴的收入；(4) 人民政府的补助；(5) 其他收入。

第一，工会会员缴纳的会费。工会会员缴纳会费是工会经费的重要来源之一，是会员应尽的义务，同时也是会员在工会组织内享受权利的物质基础，它是会员组织观念的体现，有利于职工之间互助互济，增强阶级友爱和阶级团结。会员会费缴纳标准目前是按工资的0.5%缴纳。

第二，建立工会组织的企业、事业单位、机关按每月全部职工工资总额的2%向工会拨缴的经费。这是工会经费的主要来源。这部分经费在税前列支，即可以将这一部分费用列入成本，由此减少了相应的税收，体现了国家的支持。

第三，工会所属的企业、事业单位上缴的收入。工会所属的企业、事业单位上缴的收入，是工会经费的来源之一。

“上缴的收入”是指工会所属的企业和事业单位以自身的业务收入抵补各项支出后的净收益，按照规定上缴主管工会的一部分收入，作为主管工会的经费来源之一，用于弥补工会活动经费的不足和发展工会事业。

第四，人民政府的补助。人民政府补助，是中央或地方政府财政给工会的补贴、基建费用、活动经费或专项经费。

第五，其他收入。是指个人、社团及海外侨胞、友人的捐助，工会变卖财产收入，银行存款利息收入等。

43. 工会经费使用的原则是什么？

《工会法》第四十二条第三款规定，工会经费主要用于为职工服务和工会活动。经费使用的具体办法由中华全国总工会制定。这为工会经费的正确合理使用提供了原则依据。《工会法》对工会经费使用的具体办法未作具体规定，而是授权中华全国总工会制定经费使用的具体办法，体现了工会经费独立原则和工会依法独立开展活动原则。

44. 对不拨缴工会经费的如何处理？

《工会法》第四十三条规定，企业、事业单位无正当理由拖延或者拒不拨缴工会经费，基层工会或者上级工会可以向当地人民法院申请支付令；拒不执行支付令的，工会可以依法申请人民法院强制执行。

基层工会或者上级工会向人民法院申请支付令，适用《民事诉讼法》的有关规定，即对债权债务关系明确的，债权人可以向人民法院申请执行令。如果债务人对此提出异议的，则进入审判程序。如果债务人既不提出异议，也不执行的，工会可以申请人民法院强制执行，人民法院依照《民事诉讼法》有关执行的规定办理。

45. 工会经费管理的原则是什么？

《工会法》第四十四条第一款规定，工会应当根据经费独立原则，建立预算、决算和经费审查监督制度。

工会独立管理经费是历史形成的，是由工会组织的性质和工作特点决定的。在旧中国，工会筹集经费并独立进行管理是工人阶级开展斗争的需要，也是工会赖以生存的需要。新中国成立后，工人阶级和工会的地位都发生了根本变化，工会只有独立管理经费，才能真正做到独立负责地开展活动，才能用工会的经费，为职工办好事、办实事。工会经费独立原则，主要表现为工会经费使用与管理的具体办法由中华全国总工会制定，建立自己独立的预算、决算和经费审查监督制度。

工会经费预算是指经过一定程序审核批准的工会年度财务收支计划。通过经费预算，可以把资金的需要与可能结合起来，促使工会工作和事业活动有计划地进行。工会经费预算由三部分组成，即基层工会经费预算，它是工会经费预算的基本环节；本级工会经费预算，是指有经费留成的县（市）以上各级工会的预算；单位经费预算，是指有经费留成工会所属的事业单位的预算和县以上工会机关的经费预算；工会财务体制是“统一领导、分级管理”。

工会决算是工会预算执行的总结，它反映年度工会预算收支的最终结果，也是工会活动在财务上的集中反映。通过编制工会决算，可以从财务上总结一年来工会组织各项活动的主要经验和问题，为工会决策提供可靠的资料和数据信息。因此，在年终认真及时编制决算，是整个工会工作不可缺少的一个重要环节。工会决算的组成与预算的组成相一致。工会决算的编制政策性强，涉及面广，复杂程度高，要做好一系列的准备工作。如进行年终清理，要检查收入，核实支出，以确保数字完整、准确。

工会经费审查制度是指对工会各项经费收支和财产管理进行审查监督工作的规范和准则。它是工会独立管理经费的需要，是工会经费管理的重要组成部分。工会经费审查工作的主要内容为：审查工会经费的预算、决算编制是否合理；经费使用是否妥当；各项财务制度是否坚持；有没有违反财经纪律的情况；是否按规定报告工会经费收支情况等。

46. 工会为什么必须设立工会经费审查委员会？

《工会法》第四十四条第二款、第三款规定，各级工会建立经费审查委员会。各级工会经费收支情况应当由同级工会经费审查委员会审查，并且定期向会员大会或者会员代表大会报告，接受监督。工会会员大会或者会员代表大会有权对经费使用情况提出意见。

工会经费审查委员会是代表会员群众对工会各项经费的收支和财产管理进行审查监督的组织。该组织的权利与义务是：

（1）经费审查委员会主任列席同级工会委员会常务委员会召开的有关会议，经费审查委员会委员列席同级工会委员会全体会议。

（2）经费审查委员会有权从被审查部门或单位调阅各种账册、单据、报表及有关文件资料。

（3）经费审查委员会对同级工会及其所属企业、事业单位违反财经法纪的有关责任人员，有权建议给予纪律处分。

（4）在进行经费审查中，遇有拒不接受审查或有意设置障碍，经对当事人进行批评教育，仍坚持不改，阻挠破坏，情节严重者，可以建议追究有关责任。

（5）对同级工会的预算、决算及时审查，对重大项目和案件的审查，每次审查完毕，须将审查结果和处理意见报同级工会委员会，由同级工会委员会作出处理决定。

（6）在履行职责和执行任务时，应主动与同级工会委员会联系，共同研究工作，各级工会组织对经费审查人员的工作，应提供方便，给予支持，务必使经费审查人员不受打击报复。

（7）经费审查人员要加强学习，按照国家的法律、法规、规章和工会财务制度进行工作，坚持原则，秉公办事，忠于职守、尽职尽责。

（8）与财务部门加强联系，密切协作。工会经费审查委员会必须定期向会员大会或者会员代表大会报告经费审查监督情况，并接受其监督。

47. 社会各方面应当为工会提供哪些物质帮助？

《工会法》第四十五条规定，各级人民政府和企业、事业单位、机关应当为工会办公和开展活动，提供必要的设施和活动场所等物质条件。

工会一旦建立起来，建立工会的单位就应当依照法律规定，为工会提供必要的物质条件，以保证工会活动的开展。

首先是各级人民政府应当依照法律规定为各级总工会提供办公和开展活动等必要的设施和场所。其次是建立基层工会的企业、事业单位、机关也应当依法为工会提供办公和开展活动必要的设施和场所。这是国家法律为保护劳动者所提供的法律保障。

48. 如何保护工会的财产以及所办的企业事业财产？

《工会法》第四十六条规定，工会的财产、经费和国家拨给工会使用的不动产，任何组织和个人不得侵占、挪用和任意调拨。

工会财产、经费和国家拨给工会使用的不动产，是工会开展活动和举办各种为职工服务事业的物质基础。保护工会财产不受侵害，是工会顺利开展活动的前提。

工会所属企业、事业单位是指工会用自己的经费或自筹资金兴办的及国家拨给工会使用的，为职工群众服务的工人文化宫、俱乐部；职工疗养院、休养所；报刊、杂志社、出版社；工会院校、文艺团体；体育场馆；宾馆、旅行社；种植、养殖、生产加工、商业服务等企业、事业单位。工会所属的企业、事业单位是为职工群众服务的，有利于调动职工群众的生产积极性和保持职工队伍的稳定；有利于增强工会的活力和对职工的吸引力、凝聚力；有利于减轻国家负担，增加社会财富，方便职工群众，缓解社会服务不足的矛盾。工会所属企业、事业的收入是为职工服务，为工会事业的发展服务的。

禁止任何行政机关非法占有、使用和处分工会所属企业、事业单位的财产，禁止随意改变工会对所属企业、事业单位的产权关系。一旦发生随意改变工会所属为职工服务的企业、事业单位隶属关系的情况，工会及其所属的企业、事业单位有权要求国家干预，制止侵权行为，维护自己的合法权益。国家保护工会及其所属企业、事业单位合法权益不受侵犯。

禁止任何组织和个人，其中也包括工会组织内部的组织机构和个人任意调拨工会财产、经费和国家拨给工会使用的不动产。当工会财产所有权遭到侵害，无法行使占有、使用、收益、处分的权能时，有权请求国家予以保护，责令侵权人履行民事义务，承担民事责任。

49. 对阻挠职工依法参加和组织工会或者阻挠上级工会帮助、指导职工筹建工会的，如何处理？

《工会法》第五十条规定，违反本法第三条、第十一条规定，阻挠职工依法参加和组织工会或者阻挠上级工会帮助、指导职工筹建工会的，由劳动行政部门责令其改正；拒不改正的，由劳动行政部门提请县级以上人民政府处理；以暴力、威胁等手段阻挠造成严重后果，构成犯罪的，依法追究刑事责任。

各级人民政府应当充分认识到加快新建企业工会组建工作的重要性，重视和支持这项工作，要统筹安排、制定规划、齐心协力，督促企业遵守《工会法》的规定，支持、配合工会组织，指导职工建立工会。对于干扰和阻挠组建工会的违法行为，必须依法予以纠正，维护法律的严肃性。

50. 如何维护工会工作人员的工作权利和人身尊严？

在建立社会主义市场经济体制的过程中，劳动关系日趋复杂，劳动争议日渐增多。基层工会在协调劳动关系、维护职工合法权益的过程中应该发挥积极的作用。然而基层工会干部维护职工合法权益，往往与企业行政方面发生矛盾，有些人还受到打击报复。如以各种理由解除为职工维权的基层工会干部的劳动合同，或者将其调离原工作岗位，或者降低其工资待遇，还有的在工会干部劳动合同到期后以种种借口不续签合同。这些事件虽然不多，但影响极大，直接关系到工会干部的积极性和队伍的稳定。因此，在保障工会维护职工利益的同时，也迫切需要保护工会干部的合法权益。为此，《工会法》第十七条规定，工会主席、副主席任期未满时，不得随意调动其工作。因工作需要调动时，应当征得本级工会委员会和上一级工会的同意。罢免工会主席、副主席必须召开会员大会或者会员代表大会讨论，非经会员大会全体会员或者会员代表大会全体代表过半数通过，不得罢免。

《工会法》第五十一条规定，违反本法规定，对依法履行职责的工会工作人员无正当理由调动工作岗位，进行打击报复的，由劳动行政部门责令改正、恢复原工作；造成损失的，给予赔偿。对依法履行职责的工会工作人员进行侮辱、诽谤或者进行人身伤害，构成犯罪的，依法追究刑事责任；尚未构成犯罪的，由公安机关依照治安管理处罚法的规定处罚。

51. 对职工因参加工会活动而被解除劳动合同或者工会工作人员因履行职责而被解除劳动合同的，如何处理？

《工会法》第五十二条规定，违反本法规定，有下列情形之一的，由劳动行政部门责令恢复其工作，并补发被解除劳动合同期间应得的报酬，或者责令给予本人年收入二倍的赔偿：（1）职工因参加工会活动而被解除劳动合同的；（2）工会工作人员因履行本法规定的职责而被解除劳动合同的。

52. 工会工作人员损害职工或者工会权益的，如何处理？

《工会法》第五十五条规定，工会工作人员违反本法规定，损害职工或者工会权益的，由同级工会或者上级工会责令改正，或者予以处分；情节严重的，依照《中国工会章程》予以罢免；造成损失的，应当承担赔偿责任；构成犯罪的，依法追究刑事责任。

附 录

中华人民共和国劳动法（摘录）

（1994年7月5日第八届全国人民代表大会常务委员会第八次会议通过　根据2009年8月27日第十一届全国人民代表大会常务委员会第十次会议《关于修改部分法律的决定》修正）

第七条　劳动者有权依法参加和组织工会。

工会代表和维护劳动者的合法权益，依法独立自主地开展活动。

第八条　劳动者依照法律规定，通过职工大会、职工代表大会或者其他形式，参与民主管理或者就保护劳动者合法权益与用人单位进行平等协商。

第二十七条　用人单位濒临破产进行法定整顿期间或者生产经营状况发生严重困难，确需裁减人员的，应当提前三十日向工会或者全体职工说明情况，听取工会或者职工的意见，经向劳动行政部门报告后，可以裁减人员。

用人单位依据本条规定裁减人员，在六个月内录用人员的，应当优先录用被裁减的人员。

第三十条　用人单位解除劳动合同，工会认为不适当的，有权提出意见。如果用人单位违反法律、法规或者劳动合同，工会有权要求重新处理；劳动者申请仲裁或者提起诉讼的，工会应当依法给予支持和帮助。

第三十三条　企业职工一方与企业可以就劳动报酬、工作时间、休息休假、劳动安全卫生、保险福利等事项，签订集体合同。集体合同草案应当提交职工代表大会或者全体职工讨论通过。

集体合同由工会代表职工与企业签订；没有建立工会的企业，由职工推举的代表与企业签订。

第三十四条　集体合同签订后应当报送劳动行政部门；劳动行政部门自收到集体合同文本之日起十五日内未提出异议的，集体合同即行生效。

第三十五条　依法签订的集体合同对企业和企业全体职工具有约束力。职工个人与企业订立的劳动合同中劳动条件和劳动报酬等标准不得低于集体合同的规定。

第四十一条　用人单位由于生产经营需要，经与工会和劳动者协商后可以延长工作时间，一般每日不得超过一小时；因特殊原因需要延长工作时间的，在保障劳动者身体健康的条件下延长工作时间每日不得超过三小时，但是每月不得超过三十六小时。

第四十二条　有下列情形之一的，延长工作时间不受本法第四十一条规定的限制：

（一）发生自然灾害、事故或者因其他原因，威胁劳动者生命健康和财产安全，需要紧急处理的；

（二）生产设备、交通运输线路、公共设施发生故障，影响生产和公众利益，必须及时抢修的；

（三）法律、行政法规规定的其他情形。

第八十条 在用人单位内，可以设立劳动争议调解委员会。劳动争议调解委员会由职工代表、用人单位代表和工会代表组成。劳动争议调解委员会主任由工会代表担任。

劳动争议经调解达成协议的，当事人应当履行。

第八十一条 劳动争议仲裁委员会由劳动行政部门代表、同级工会代表、用人单位方面的代表组成。劳动争议仲裁委员会主任由劳动行政部门代表担任。

第八十八条 各级工会依法维护劳动者的合法权益，对用人单位遵守劳动法律、法规的情况进行监督。

任何组织和个人对于违反劳动法律、法规的行为有权检举和控告。

中华人民共和国劳动合同法（摘录）

（2007年6月29日第十届全国人民代表大会常务委员会第二十八次会议通过　根据2012年12月28日第十一届全国人民代表大会常务委员会第三十次会议《关于修改〈中华人民共和国劳动合同法〉的决定》修正）

第四条 用人单位应当依法建立和完善劳动规章制度，保障劳动者享有劳动权利、履行劳动义务。

用人单位在制定、修改或者决定有关劳动报酬、工作时间、休息休假、劳动安全卫生、保险福利、职工培训、劳动纪律以及劳动定额管理等直接涉及劳动者切身利益的规章制度或者重大事项时，应当经职工代表大会或者全体职工讨论，提出方案和意见，与工会或者职工代表平等协商确定。

在规章制度和重大事项决定实施过程中，工会或者职工认为不适当的，有权向用人单位提出，通过协商予以修改完善。

用人单位应当将直接涉及劳动者切身利益的规章制度和重大事项决定公示，或者告知劳动者。

第五条 县级以上人民政府劳动行政部门会同工会和企业方面代表，建立健全协调劳动关系三方机制，共同研究解决有关劳动关系的重大问题。

第六条 工会应当帮助、指导劳动者与用人单位依法订立和履行劳动合同，并与用人单位建立集体协商机制，维护劳动者的合法权益。

第四十一条 有下列情形之一，需要裁减人员二十人以上或者裁减不足二十人但占企业职工总数百分之十以上的，用人单位提前三十日向工会或者全体职工说明情况，听取工会或者职工的意见后，裁减人员方案经向劳动行政部门报告，可以裁减人员：

（一）依照企业破产法规定进行重整的；

（二）生产经营发生严重困难的；

（三）企业转产、重大技术革新或者经营方式调整，经变更劳动合同后，仍需裁减人员的；

（四）其他因劳动合同订立时所依据的客观经济情况发生重大变化，致使劳动合同无法履行的。

裁减人员时，应当优先留用下列人员：

（一）与本单位订立较长期限的固定期限劳动合同的；

（二）与本单位订立无固定期限劳动合同的；

（三）家庭无其他就业人员，有需要扶养的老人或者未成年人的。

用人单位依照本条第一款规定裁减人员，在六个月内重新招用人员的，应当通知被裁减的人员，并在同等条件下优先招用被裁减的人员。

第四十三条 用人单位单方解除劳动合同，应当事先将理由通知工会。用人单位违反法律、行政法规规定或者劳动合同约定的，工会有权要求用人单位纠正。用人单位应当研究工会的意见，并将处理结果书面通知工会。

第五十一条 企业职工一方与用人单位通过平等协商，可以就劳动报酬、工作时间、休息休假、劳动安全卫生、保险福利等事项订立集体合同。集体合同草案应当提交职工代表大会或者全体职工讨论通过。

集体合同由工会代表企业职工一方与用人单位订立；尚未建立工会的用人单位，由上级工会指导劳动者推举的代表与用人单位订立。

第五十三条 在县级以下区域内，建筑业、采矿业、餐饮服务业等行业可以由工会与企业方面代表订立行业性集体合同，或者订立区域性集体合同。

第五十六条 用人单位违反集体合同，侵犯职工劳动权益的，工会可以依法要求用人单位承担责任；因履行集体合同发生争议，经协商解决不成的，工会可以依法申请仲裁、提起诉讼。

第六十四条 被派遣劳动者有权在劳务派遣单位或者用工单位依法参加或者组织工会，维护自身的合法权益。

第七十三条 国务院劳动行政部门负责全国劳动合同制度实施的监督管理。

县级以上地方人民政府劳动行政部门负责本行政区域内劳动合同制度实施的监督管理。

县级以上各级人民政府劳动行政部门在劳动合同制度实施的监督管理工作中，应当听取工会、企业方面代表以及有关行业主管部门的意见。

第七十八条 工会依法维护劳动者的合法权益，对用人单位履行劳动合同、集体合同的情况进行监督。用人单位违反劳动法律、法规和劳动合同、集体合同的，工会有权提出意见或者要求纠正；劳动者申请仲裁、提起诉讼的，工会依法给予支持和帮助。

中国工会章程

（中国工会第十六次全国代表大会部分修改，
2013 年 10 月 22 日通过）

总 则

中国工会是中国共产党领导的职工自愿结合的工人阶级群众组织，是党联系职工群众的桥梁和纽带，是国家政权的重要社会支柱，是会员和职工利益的代表。

中国工会以宪法为根本活动准则，按照《中华人民共和国工会法》和本章程独立自主地开展工作，依法行使权利和履行义务。

工人阶级是我国的领导阶级，是先进生产力和生产关系的代表，是改革开放和社会主义现代化建设的主力军，是维护社会安定的强大而集中的社会力量。中国工会高举中国特色社会主义伟大旗帜，以马克思列宁主义、毛泽东思想、邓小平理论、“三个代表”重要思想、科学发展观为指导，贯彻执行党的以经济建设为中心，坚持四项基本原则，坚持改革开放的基本路线，坚定不移地走中国特色社会主义工会发展道路，推动党的全心全意依靠工人阶级的根本指导方针的贯彻落实，全面履行工会的社会职能，在维护全国人民总体利益的同时，更好地表达和维护职工的具体利益，团结和动员全国职工自力更生、艰苦创业，坚持和发展中国特色社会主义，为全面建成小康社会、把我国建设成为富强民主文明和谐的社会主义现代化国家、实现中华民族伟大复兴的中国梦而奋斗。

中国工会的基本职责是维护职工合法权益。

中国工会动员和组织职工积极参加建设和改革，努力促进经济、政治、文化、社会和生态文明建设；代表和组织职工参与国家和社会事务管理，参与企业、事业单位和机关的民主管理；教育职工不断提高思想道德素质和科学文化素质，建设有理想、有道德、有文化、有纪律的职工队伍，不断发展工人阶级先进性。

中国工会坚持组织起来、切实维权的工作方针，坚持以职工为本，主动依法科学维权的维权观，促进完善社会主义劳动法律，维护职工的经济、政治、文化和社会权利，参与协调劳动关系和社会利益关系，努力构建和谐劳动关系，促进经济发展和社会的长期稳定，为构建社会主义和谐社会作贡献。

中国工会维护工人阶级领导的、以工农联盟为基础的人民民主专政的社会主义国家政权，协助人民政府开展工作，依法发挥民主参与和社会监督作用。

中国工会在企业、事业单位中，按照促进企事业发展、维护职工权益的原则，支持行政依法行使管理权力，组织职工参加民主管理和民主监督，与行政方面建立协商制度，保障职工的合法权益，调动职工的积极性，促进企业、事业的发展。

中国工会实行产业和地方相结合的组织领导原则，坚持民主集中制。

中国工会坚持以改革创新精神加强自身建设，坚持群众化、民主化，保持同会员群众的密切联系，依靠会员群众开展工会工作。各级工会领导机关坚持把工作重点放到基层，全心全意为基层、为职工服务，增强基层工会的活力，把工会建设成为深受职工群众信赖的学习型、服务型、创新型“职工之家”。

工会兴办的企业、事业，坚持为改革开放和发展社会生产力服务，为职工群众服务，为推进工运事业服务。

中国工会努力巩固和发展工农联盟，坚持爱国统一战线，加强包括香港特别行政区同胞、澳门特别行政区同胞、台湾同胞和海外侨胞在内的全国各族人民的大团结，促进祖国的统一、繁荣和富强。

中国工会在国际事务中坚持独立自主、互相尊重、求同存异、加强合作、增进友谊的方针，在独立、平等、互相尊重、互不干涉内部事务的原则基础上，广泛建立和发展同国际和各国工会组织的友好关系，推动形成公正合理、民主和谐的国际工运新秩序，同全世界工人和工会一起，为世界的和平、发展、工人权益和社会进步而共同努力。

第一章　会　员

第一条　凡在中国境内的企业、事业单位、机关和其他社会组织中，以工资收入为主要生活来源或者与用人单位建立劳动关系的体力劳动者和脑力劳动者，不分民族、种族、性别、职业、宗教信仰、教育程度，承认工会章程，都可以加入工会为会员。

第二条　职工加入工会，由本人自愿申请，经工会基层委员会批准并发给会员证。

第三条　会员享有以下权利：

（一）选举权、被选举权和表决权。

（二）对工会工作进行监督，提出意见和建议，要求撤换或者罢免不称职的工会工作人员。

（三）对国家和社会生活问题及本单位工作提出批评与建议，要求工会组织向有关方面如实反映。

（四）在合法权益受到侵犯时，要求工会给予保护。

（五）工会提供的文化、教育、体育、旅游、疗休养事业、生活救助、法律服务、就业服务等优惠待遇；工会给予的各种奖励。

（六）在工会会议和工会媒体上，参加关于工会工作和职工关心问题的讨论。

第四条　会员履行下列义务：

（一）学习政治、经济、文化、法律、科学、技术和工会基本知识。

（二）积极参加民主管理，努力完成生产和工作任务。

（三）遵守宪法和法律，践行社会主义核心价值观，维护社会公德和职业道德，遵守劳动纪律。

（四）正确处理国家、集体、个人三者利益关系，向危害国家、社会利益的行为作斗争。

（五）维护中国工人阶级和工会组织的团结统一，发扬阶级友爱，搞好互助互济。

（六）遵守工会章程，执行工会决议，参加工会活动，按月交纳会费。

第五条　会员组织关系随劳动（工作）关系变动，凭会员证明接转。

第六条　会员有退会自由。会员退会由本人向工会小组提出，由工会基层委员会宣布其退会并收回会员证。

会员没有正当理由连续六个月不交纳会费、不参加工会组织生活，经教育拒不改正，应当视为自动退会。

第七条 对不执行工会决议、违反工会章程的会员，给予批评教育。对严重违法犯罪并受到刑事处分的会员，开除会籍。开除会员会籍，须经工会小组讨论，提出意见，由工会基层委员会决定，报上一级工会备案。

第八条 会员离休、退休和失业，可保留会籍。保留会籍期间免交会费。

工会组织要关心离休、退休和失业会员的生活，积极向有关方面反映他们的愿望和要求。

第二章 组织制度

第九条 中国工会实行民主集中制，主要内容是：

（一）个人服从组织，少数服从多数，下级组织服从上级组织。

（二）工会的各级领导机关，除它们派出的代表机关外，都由民主选举产生。

（三）工会的最高领导机关，是工会的全国代表大会和它所产生的中华全国总工会执行委员会。工会的地方各级领导机关，是工会的地方各级代表大会和它所产生的总工会委员会。

（四）工会各级委员会，向同级会员大会或者会员代表大会负责并报告工作，接受会员监督。会员大会和会员代表大会有权撤换或者罢免其所选举的代表和工会委员会组成人员。

（五）工会各级委员会，实行集体领导和分工负责相结合的制度。凡属重大问题由委员会民主讨论，作出决定，委员会成员根据集体的决定和分工，履行自己的职责。

（六）工会各级领导机关，经常向下级组织通报情况，听取下级组织和会员的意见，研究和解决他们提出的问题。下级组织向上级组织请示报告工作。

第十条 工会各级代表大会的代表和委员会的产生，要充分体现选举人的意志。候选人名单，要反复酝酿，充分讨论。选举采用无记名投票方式，可以直接采用候选人数多于应选人数的差额选举办法进行正式选举，也可以先采用差额选举办法进行预选，产生候选人名单，然后进行正式选举。任何组织和个人，不得以任何方式强迫选举人选举或不选举某个人。

第十一条 中国工会实行产业和地方相结合的组织领导原则。同一企业、事业单位、机关和其他社会组织中的会员，组织在一个工会基层组织中；同一行业或者性质相近的几个行业，根据需要建立全国的或者地方的产业工会组织。除少数行政管理体制实行垂直管理的产业，其产业工会实行产业工会和地方工会双重领导，以产业工会领导为主外，其他产业工会均实行以地方工会领导为主，同时接受上级产业工会领导的体制。各产业工会的领导体制，由中华全国总工会确定。

省、自治区、直辖市，设区的市和自治州，县（旗）、自治县、不设区的市建立地方总工会。地方总工会是当地地方工会组织和产业工会地方组织的领导机关。全国建立统一的中华全国总工会。中华全国总工会是各级地方总工会和各产业工会全国组织的领导机关。

中华全国总工会执行委员会委员和产业工会全国委员会委员实行替补制，各级地方总工会委员会委员和地方产业工会委员会委员，也可以实行替补制。

第十二条 县和县以上各级地方总工会委员会，根据工作需要可以派出代表机关。

县和县以上各级工会委员会，在两次代表大会之间，认为有必要时，可以召集代表会议，讨论和决定需要及时解决的重大问题。代表会议代表的名额和产生办法，由召集代表会议的总工会决定。

全国产业工会、各级地方产业工会、乡镇工会和城市街道工会的委员会，可以按照联合制、代表制原则，由下一级工会组织民主选举的主要负责人和适当比例的有关方面代表组成。

上级工会可以派员帮助和指导用人单位的职工组建工会。

第十三条 各级工会代表大会选举产生同级经费审查委员会。中华全国总工会经费审查委员会设常务委员会，省、自治区、直辖市总工会经费审查委员会和独立管理经费的全国产业工会经费审查委员会，应当设常务委员会。经费审查委员会负责审查同级工会组织及其直属企业、事业单位的经费收支和资产管理情况，监督财经法纪的贯彻执行和工会经费的使用，并接受上级工会经费审查委员会的指导。工会经费审查委员会向同级会员大会或会员代表大会负责并报告工作；在大会闭会期间，向同级工会委员会负责并报告工作。

上级经费审查委员会应当对下一级工会及其直属企业、事业单位的经费收支和资产管理情况进行审查。

中华全国总工会经费审查委员会委员实行替补制，各级地方总工会经费审查委员会委员和独立管理经费的产业工会经费审查委员会委员，也可以实行替补制。

第十四条 各级工会建立女职工委员会，表达和维护女职工的合法权益。女职工委员会由同级工会委员会提名，在充分协商的基础上组成或者选举产生，女职工委员会与工会委员会同时建立，在同级工会委员会领导下开展工作。企业工会女职工委员会是县或者县以上妇联的团体会员，通过县以上地方工会接受妇联的业务指导。

第十五条 县和县以上各级工会组织应当建立法律服务机构，为保护职工和工会组织的合法权益提供服务。

各级工会组织应当组织和代表职工开展劳动法律监督。

第十六条 成立或者撤销工会组织，必须经会员大会或者会员代表大会通过，并报上一级工会批准。工会基层组织所在的企业终止，或者所在的事业单位、机关和其他社会组织被撤销，该工会组织相应撤销，并报上级工会备案。其他组织和个人不得随意撤销工会组织，也不得把工会组织的机构撤销、合并或者归属其他工作部门。

第三章　全国组织

第十七条　中国工会全国代表大会，每五年举行一次，由中华全国总工会执行委员会召集。在特殊情况下，由中华全国总工会执行委员会主席团提议，经执行委员会全体会议通过，可以提前或者延期举行。代表名额和代表选举办法由中华全国总工会决定。

第十八条　中国工会全国代表大会的职权是：

（一）审议和批准中华全国总工会执行委员会的工作报告。

（二）审议和批准中华全国总工会执行委员会的经费收支情况报告和经费审查委员会的工作报告。

（三）修改中国工会章程。

（四）选举中华全国总工会执行委员会和经费审查委员会。

第十九条　中华全国总工会执行委员会，在全国代表大会闭会期间，负责贯彻执行全国代表大会的决议，领导全国工会工作。

执行委员会全体会议选举主席一人、副主席若干人、主席团委员若干人，组成主席团。

执行委员会全体会议由主席团召集，每年至少举行一次。

第二十条　中华全国总工会执行委员会全体会议闭会期间，由主席团行使执行委员会的职权。主席团全体会议，由主席召集。

主席团闭会期间，由主席、副主席组成的主席会议行使主席团职权。主席会议由中华全国总工会主席召集并主持。

主席团下设书记处，由主席团在主席团成员中推选第一书记一人，书记若干人组成。书记处在主席团领导下，主持中华全国总工会的日常工作。

第二十一条 产业工会全国组织的设置，由中华全国总工会根据需要确定。

产业工会全国委员会的建立，经中华全国总工会批准，可以按照联合制、代表制原则组成，也可以由产业工会全国代表大会选举产生。全国委员会每届任期五年。任期届满，应当如期召开会议，进行换届选举。在特殊情况下，经中华全国总工会批准，可以提前或者延期举行。

产业工会全国代表大会和按照联合制、代表制原则组成的产业工会全国委员会全体会议的职权是：审议和批准产业工会全国委员会的工作报告；选举产业工会全国委员会或者产业工会全国委员会常务委员会。独立管理经费的产业工会，选举经费审查委员会，并向产业工会全国代表大会或者委员会全体会议报告工作。产业工会全国委员会常务委员会由主席一人、副主席若干人、常务委员若干人组成。

第四章　地方组织

第二十二条 省、自治区、直辖市，设区的市和自治州，县（旗）、自治县、不设区的市的工会代表大会，由同级总工会委员会召集，每五年举行一次。在特殊情况下，由同级总工会委员会提议，经上一级工会批准，可以提前或者延期举行。工会的地方各级代表大会的职权是：

（一）审议和批准同级总工会委员会的工作报告。

（二）审议和批准同级总工会委员会的经费收支情况报告和经费审查委员会的工作报告。

（三）选举同级总工会委员会和经费审查委员会。

各级地方总工会委员会，在代表大会闭会期间，执行上级工会的决定和同级工会代表大会的决议，领导本地区的工会工作，定期向上级总工会委员会报告工作。

根据工作需要，省、自治区总工会可在地区设派出代表机关。直辖市和设区的市总工会可在区建立区一级工会组织或者设派出代表机关。

县和城市的区可在乡镇和街道建立乡镇工会和街道工会组织，具备条件的，建立总工会。

第二十三条 各级地方总工会委员会选举主席一人、副主席若干人、常务委员若干人，组成常务委员会。工会委员会、常务委员会和主席、副主席以及经费审查委员会的选举结果，报上一级总工会批准。

各级地方总工会委员会全体会议，每年至少举行一次，由常务委员会召集。各级地方总工会常务委员会，在委员会全体会议闭会期间，行使委员会的职权。

第二十四条 各级地方产业工会组织的设置，由同级地方总工会根据本地区的实际情况确定。

第五章　基层组织

第二十五条　企业、事业单位、机关和其他社会组织等基层单位，应当依法建立工会组织。社区和行政村可以建立工会组织。有会员二十五人以上的，应当成立工会基层委员会；不足二十五人的，可以单独建立工会基层委员会，也可以由两个以上单位的会员联合建立工会基层委员会，也可以选举组织员或者工会主席一人，主持基层工会工作。工会基层委员会有女会员十人以上的建立女职工委员会，不足十人的设女职工委员。

职工二百人以上企业、事业单位的工会设专职工会主席。工会专职工作人员的人数由工会与企业、事业单位协商确定。

基层工会具备法人条件，依法取得社团法人资格，工会主席为法定代表人。

第二十六条　工会基层组织的会员大会或者会员代表大会，每年至少召开一次。经基层工会委员会或者三分之一以上的工会会员提议，可以临时召开会员大会或者会员代表大会。工会会员在一百人以下的基层工会应当召开会员大会。

工会会员大会或者会员代表大会的职权是：

（一）审议和批准工会基层委员会的工作报告。

（二）审议和批准工会基层委员会的经费收支情况报告和经费审查委员会的工作报告。

（三）选举工会基层委员会和经费审查委员会。

（四）撤换或者罢免其所选举的代表或者工会委员会组

成人员。

（五）讨论决定工会工作的重大问题。

工会基层委员会和经费审查委员会每届任期三年至五年，具体任期由会员大会或者会员代表大会决定。任期届满，应当如期召开会议，进行换届选举。在特殊情况下，经上一级工会批准，可以提前或者延期举行。

会员代表大会的代表实行常任制，任期与本单位工会委员会相同。

第二十七条 工会基层委员会的委员，应当在会员或者会员代表充分酝酿协商的基础上选举产生；主席、副主席，可以由会员大会或者会员代表大会直接选举产生，也可以由工会基层委员会选举产生。大型企业、事业单位的工会委员会，根据工作需要，经上级工会委员会批准，可以设立常务委员会。工会基层委员会、常务委员会和主席、副主席以及经费审查委员会的选举结果，报上一级工会批准。

第二十八条 工会基层委员会的基本任务是：

（一）执行会员大会或者会员代表大会的决议和上级工会的决定，主持基层工会的日常工作。

（二）代表和组织职工依照法律规定，通过职工代表大会、厂务公开和其他形式，参加本单位民主管理和民主监督。企业、事业单位工会委员会是职工代表大会工作机构，负责职工代表大会的日常工作，检查、督促职工代表大会决议的执行。

（三）参与协调劳动关系和调解劳动争议，与企业、事业单位行政方面建立协商制度，协商解决涉及职工切身利益问题。帮助和指导职工与企业、事业单位行政方面签订和履行劳动合同，代表职工与企业、事业单位行政方面签订集体合同或者其他专项协议，并监督执行。

（四）组织职工开展劳动竞赛、合理化建议、技术革新和技术协作等活动，总结推广先进经验。做好先进生产（工作）者和劳动模范的评选、表彰、培养和管理服务工作。

（五）对职工进行思想政治教育，鼓励支持职工学习文化科学技术和管理知识，开展健康的文化体育活动。推进企业文化职工文化建设，办好工会文化、教育、体育事业。

（六）监督有关法律、法规的贯彻执行。协助和督促行政方面做好工资、劳动安全卫生和社会保险等方面的工作，办好职工集体福利事业，改善职工生活，对困难职工开展帮扶。依法参与劳动安全卫生事故的调查处理。

（七）维护女职工的特殊利益，同歧视、虐待、摧残、迫害女职工的现象作斗争。

（八）搞好工会组织建设，健全民主制度和民主生活。建立和发展工会积极分子队伍。做好会员的发展、接收、教育和会籍管理工作。加强职工之家建设。

（九）收好、管好、用好工会经费，管理好工会资产和工会的企业、事业。

第二十九条　教育、科研、文化、卫生、体育等事业单位和机关工会，从脑力劳动者比较集中的特点出发开展工作，积极了解和关心职工的思想、工作和生活，推动党的知识分子政策的贯彻落实。组织职工搞好本单位的民主管理和民主监督，为发挥职工的聪明才智，创造良好的条件。

第三十条 工会基层委员会根据工作需要，可以在分厂、车间（科室）建立分厂、车间（科室）工会委员会。分厂、车间（科室）工会委员会由分厂、车间（科室）会员大会或者会员代表大会选举产生，任期和工会基层委员会相同。

工会基层委员会和分厂、车间（科室）委员会，可以根据需要设若干专门委员会或者专门小组。

按照生产（行政）班组建立工会小组，民主选举工会小组长，积极开展工会小组活动。

第六章 工会干部

第三十一条 各级工会组织按照革命化、年轻化、知识化、专业化的要求，努力建设一支坚持党的基本路线，熟悉本职业务，热爱工会工作，受到职工信赖的干部队伍。

第三十二条 工会干部要努力做到：

（一）认真学习马克思列宁主义、毛泽东思想、邓小平理论、“三个代表”重要思想和科学发展观，学习经济、法律和工会业务知识。

（二）执行党的基本路线和各项方针政策，遵守国家法律、法规，在改革开放和社会主义现代化建设中勇于开拓创新。

（三）忠于职守，勤奋工作，廉洁奉公，顾全大局，维护团结。

（四）坚持实事求是，认真调查研究，如实反映职工的意见、愿望和要求。

（五）坚持原则，不谋私利，热心为职工说话办事，依法维护职工的合法权益。

（六）作风民主，联系群众，自觉接受职工群众的批评和监督。

第三十三条 各级工会组织根据有关规定管理工会干部，重视培养和选拔青年干部、妇女干部、少数民族干部，成为培养干部的重要基地。

基层工会主席、副主席任期未满不得随意调动其工作。因工作需要调动时，应事先征得本级工会委员会和上一级工会同意。

第三十四条 各级工会组织建立与健全干部培训制度。办好工会干部院校和各种培训班。

第三十五条 各级工会组织关心工会干部的思想、学习和生活，督促落实相应的待遇，支持他们的工作，坚决同打击报复工会干部的行为作斗争。

县和县以上工会设立工会干部权益保障金，保障工会干部依法履行职责。

县和县以上工会可以为基层工会选派、聘用工作人员。

第七章 工会经费和资产

第三十六条 工会经费的来源：

（一）会员缴纳的会费。

（二）企业、事业单位、机关和其他社会组织按全部职工工资总额的百分之二向工会拨缴的经费或者建会筹备金。

（三）工会所属的企业、事业单位上缴的收入。

（四）人民政府和企业、事业单位、机关和其他社会组织的补助。

（五）其他收入。

第三十七条 县和县以上各级工会应当与税务、财政等有关部门合作，依照规定做好工会经费收缴和应当由财政负担的工会经费拨缴工作。

未成立工会的企业、事业单位、机关和其他社会组织，按工资总额的百分之二向上级工会拨缴工会建会筹备金。

具备社团法人资格的工会可以设立独立经费账户。

第三十八条 工会资产是社会团体资产，中华全国总工会对各级工会的资产拥有终极所有权。各级工会应当加强对工会资产的监督、管理，保护工会资产不受损害，促进工会资产保值增值。根据经费独立原则，建立预算、决算、资产监管和经费审查监督制度。实行“统一领导、分级管理”的财务体制、“统一所有、分级监管、单位使用”的资产监管体制和“统一领导、分级管理、分级负责”的经费审查监督体制。工会经费、资产的管理和使用办法以及工会经费审查监督制度，由中华全国总工会制定。

第三十九条 各级工会委员会按照规定编制和审批预算、决算，定期向会员大会或者会员代表大会和上一级工会委员会报告经费收支和资产管理情况，接受上级和同级工会经费审查委员会审查监督。

第四十条 工会经费、资产和国家及企业、事业单位等拨给工会的不动产和拨付资金形成的资产受法律保护，任何单位和个人不得侵占、挪用和任意调拨；不经批准，不得改变工会所属企业、事业单位的隶属关系和产权关系。

工会组织合并，其经费资产归合并后的工会所有；工会组织撤销或者解散，其经费资产由上级工会处置。

第八章 会 徽

第四十一条 中国工会会徽，选用汉字“中”、“工”两字，经艺术造型呈圆形重叠组成，并在两字外加一圆线，象征中国工会和中国工人阶级的团结统一。会徽的制作标准，由中华全国总工会规定。

第四十二条 中国工会会徽，可在工会办公地点、活动场所、会议会场悬挂，可作为纪念品、办公用品上的工会标志，也可以作为徽章佩戴。

第九章 附 则

第四十三条 本章程解释权属于中华全国总工会。